별난 사회 선생님의 수상한 미래 수업

내리막길을 거슬러 살아남을 10대를 위한 필수 지침서!

별난 사회 선생님의
수상한 ✦ 미래 수업

권재원 지음

우리학교

우리 미래가 4차 산업혁명과 인공지능뿐일까?

이 책을 쓴 이유는 청소년이 미래 세계에 대한 안목을 넓히는 데 도움을 주기 위해서다. 물론 미래의 변화에 대해 이야기하는 청소년 책은 많이 있다. 심지어 너무 많이 나와 있다고 봐야 한다. 안 그래도 많은데 여기에 또 한 권의 책을 보태기로 마음먹은 이유가 있다. 미래를 이야기하는 청소년 도서들이 숫자만 많았지 다루는 주제의 폭이 너무 협소하다는 생각 때문이다.

대부분의 책은 4차 산업혁명 아니면 인공지능을 중심으로 미래를 바라보고 있었다. 그 책들만 보면 마치 십 대들이 살아갈 미래 세계는 인공지능으로 가득한 세상이라도 될 것 같다. 게다가 그 논조도 놀랍든가 두렵든가 둘 중 하나인 경우가 많았다. 인공지능과 4차 산업혁명으로 놀라운 세상이 온다, 혹은 이러한 변화 때문에 일자리 대부분이 사라질 테니 미리미리 준비하지 않으면 도태된다는 식이었다.

물론 사회의 여러 영역 중에서 생존에 필요한 자원을 생산하는 산업이 중요하고, 기술 발전이 산업을 비롯한 사회를 크게 바꿔 놓는 것은 사실이다. 하지만 이 세상은 산업과 기술만으로 움직이지 않는다. 인간이 필요를 넘어서는 엉뚱한 행동, 쓸모없는 생각을 하는 잉여의 존재이기 때문이다. 뒤늦게 지구에 모습을 드러낸 현생인류(호모사피엔스)가 네안데르탈인 등 다른 호모니드들과의 경쟁에서 승리한 원동력도 바로 이 '잉여의 힘'이었다. 잉여 생각, 잉여 행동 덕분에 호모사피엔스는 다른 호모니드들이 수십만 년 전 조상들이 쓰던 방법을 되풀이하고 있을 때 혁신에 혁신을 거듭할 수 있었던 것이다.

바로 이 때문에 산업과 기술 측면에 치중해 세상을 바라보는 사고방식은 오히려 산업과 기술의 발전에도 유익하지 않다. 산업과 기술이 발전하려면 혁신이 필요한데, 이 혁신은 잉여를 통해 나오기 때문이다. 산업과 기술에 대해서만 생각하는 사람들은 결코 산업과 기술을 발전시킬 수 없다. 오히려 산업과 기술을 넘어 무익한 생각으로 '멍 때릴 수 있는' 사람이 산업과 기술을 발전시킬 것이다.

게다가 산업과 기술, 혹은 혁신만 우리의 고민거리인 것은 아니다. 또 그 산업과 기술의 변화에 4차 산업혁명, 인공지능만 있는 것도 아니다. 어쩌면 저 둘은 우리가 마주해야 할 미래의 여러 변화 중 가장 사소한 것에 불과할지도 모른다. 우리는 그 밖에도 정치, 문화, 혹은 도덕과 윤리, 생태 등 삶의 여러 측면을 이루는 분야들에 관심을 가져야 한다. 세상은 산업과 기술만으로 달랑 바뀌는 그런 곳이 아니기 때문이다.

그래서 산업과 기술의 발전이 가져올 미래 세계의 변화를 산업과 기술 이외의 영역에서 폭넓고 균형 있게 다루고 예측해 보는 책이 필요하다고 생각했다. 사실 경우에 따라 미래에는 인류의 생존 자체가 문제 될 수도 있다. 그런 상황에서 일자리 걱정이라니, 너무 시야가 좁은 게 아닐까?

또 하나. 미래에 대해 이야기하다 보면 자꾸 허황된 상상력에 기대는 경우를 많이 볼 수 있다. 그럴 때 미래는 '꿈의 시대'가 된다. 꿈을 아무리 꾸어도 세상은 바뀌지 않는다. 미래는 어디까지나 현재의 함수이며, 미래의 변화는 반드시 현재에 그 씨앗을 심어 두고 있다. 그래서 이 책은 먼 미래에 대해 허황된 상상력을 펼치지 않는다. 오히려 상상력이 빈곤한 편이다. 미래를 다루는 책이 상상력이 빈곤하다니? 그런데 사실이다. 이 책은 미래보다는 현재의 변화를 주로 다루었다.

"미래가 이렇게 될 것이니 이렇게 대비하라."라는 식의 책을 쓰고 싶지 않았다. 학자나 교육자는 점쟁이가 아니다. 오늘도 다 이해하지 못하는데 내일 일을 어찌 알겠는가? 미래를 대비한다는 것은 앞으로의 일을 예측하는 것이 아니라, 현재 일어나고 있는 일에 집중하는 것이다. 이 책은 앞날에 대한 예측보다 오늘날 일어나고 있는 사건을 더 충실하게 다룬다. 미래는 아닌 밤중에 홍두깨처럼 뚝 떨어지지 않기 때문이다. 세상 모든 일에는 원인이 있다. 미래의 원인 역시 현재에 있다.

현재에 뿌리를 두지 않고 아니면 말고 식으로 그려 대는 미래의 청사진은 매우 해롭다. 청소년의 현실감각을 무디게 만들 수 있기 때문이다. 또 현재로부터 뿌리가 끊긴 채 던져지는 미래의 청사진은 그것이 낙관적이든 비관적이든 숙명론이 된다. 결국은 그렇게 되고 말 것이라는.

하지만 모든 시간은 현재에 수렴한다. 과거는 현재의 정당화이며 미래는 현재의 소망이다. 현재로부터 끌어내는 미래의 청사진은 그것을 보는 사람들을 주인공으로 만든다. 미래의 열쇠가 현재에 있기 때문에 단지 대비만 할 뿐 아니라 거기에 새로운 미래를 보탤 수도 있으며, 다가올 미래를 오지 못하게 막을 수도 있는 것이다.

전체적으로 이 책의 논조는 어둡다. 사실 나는 미래에 대해 희망보다 걱정이 많다. 물론 밝은 미래를 그리면 보기는 좋다. 하지만 밝은 미래의 청사진을 보고 자란 청소년은 도리어 자생력 없는 나약한 어른이 될 수 있다. 시간만 지나면 찬란한 세상이 오는데 고되게 역량을 기르며 준비할 이유가 있겠는가? 게다가 미래에 대한 기술낙관론적 예측은 인간이 지구에서 무엇인가를 하는 한 반드시 그 반대급부의 부작용을 남긴다는 점을 간과하고 있다.

사실 오늘날 인류의 발전 속도는 18~20세기와 비교하면 확실히 느리며, 점점 더 느려지고 있다. 발전 속도는 느려지는 반면, 겉으로 드러나는 진보의 화려함 속에 감춰져 있었던 부작용은 점점 더 심각해지고 있다. 물론 그렇다고 인류 문명의 퇴보나 퇴행을 주장하려는 것은 아니다. 차라리 인류는 좀 더 조심스러워지고 현명해졌다고 보는 것이 옳을 것이다.

그렇다고 마냥 어두운 미래만 그린 것은 아니다. 이 책은 경제와 산업을 넘어 정치, 사회, 문화 등 삶의 다양한 영역에서 미래에 대한 어두운 전망과 밝은 전망을 보여 주고자 한다. 그래서 여덟 개의 핵심적인 문제를 골라 빛과 그림자를 두루 살펴본 뒤, 이런 어려움에 대비하기 위한 팁들을 함께 제시했다.

미래가 이 책에서 예측하는 방향으로 흘러갈지 아닐지, 이 책에서 제시한 대비책이 유용할지 무용지물이 될지는 아무도 모른다. 여기 소개한 여덟 개의 문제가 의외로 간단히 해결되어 버릴 수도 있고, 그 곱절로 심각한 다른 문제가 나올 수도 있다. 다만 미래 세계의 여러 측면에 대해 생각해 본 청소년과 그렇지 않은 청소년이 어른이 되어 만들어 갈 세상의 모습은 상당히 다를 것이다.

2019년 11월 권재원

차례

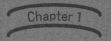

Chapter 1

내 일자리는 어디에?

노동의 위기

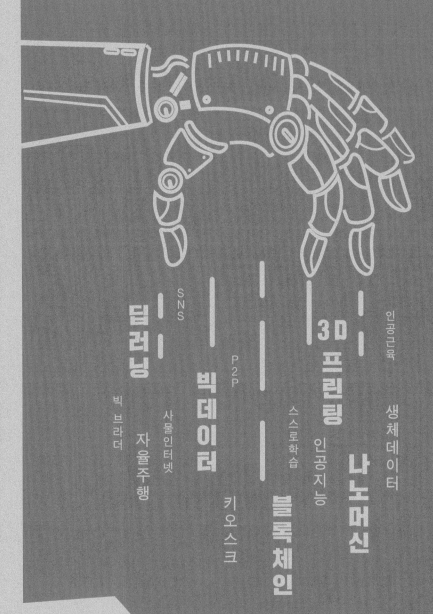

인공근육   생체데이터

3D 프린팅   나노머신

스스로학습   인공지능   블록체인

P2P   빅데이터   키오스크

SNS   사물인터넷

딥러닝   자율주행

빅브라더

딥러닝

인공지능이 사람의 도움을 받지 않고 스스로 학습하는 방법. 인공지능이 딥러닝을 통해 음악을 만들 수는 있지만, '고전음악도 락도 아닌' 음악을 만들 수는 없다. 하지만 사람은 "왜 이런 것은 음악이 될 수 없는가?"라고 물을 수 있는 존재다.

빅데이터

디지털 환경에서 생성되며 그 규모가 방대하고, 생성 주기도 짧다. 수치 데이터뿐 아니라 문자와 영상 데이터를 포함하는 대규모 데이터를 가리킨다. 사람들의 행동은 물론, 위치 정보와 SNS를 통해 생각과 의견까지 예측할 수 있어 보안에 대한 우려도 높다.

블록체인

각 행위자들이 서로 연결되어 여러 가지 업무 처리(P2P)를 가능하게 하는 기술. 어떤 정보가 이전되었을 때 그 정보가 어떻게 쓰였는지에 대해 이력을 투명하게 확인할 수 있다.

3D 프린팅

프린터로 평면으로 된 문자나 그림을 인쇄하는 것이 아니라 입체도형을 찍어 내는 기술. 3차원 공간 안에 실제 사물을 인쇄하는 3D 기술은 의료 기기, 생활용품, 자동차 부품 등 많은 물건을 만들어 낼 수 있다.

나노머신

나노기술을 이용해 제작되는 아주 작은 기계. '나노봇'(Nanobot)이라고 부르기도 한다. 나노머신을 체내에 삽입해 약물 방출의 속도를 조절하거나 정확한 목표 부위에 약물을 전달하는 등 나노 바이오 분야에서 활발히 연구 중이다.

사람이 점점 필요 없어지는

1850~1950

2차 산업혁명

전기를 다루는 기술의
발달로 대량생산과
대량소비가 가능해지다

B.C. 7000년

신석기 혁명

수렵 채집 경제에서
곡식 재배, 가축 사육으로
농업 기술혁명이 일어나다

1750~1850

1차 산업혁명

증기기관이 발명되어
손 대신 기계로 물건을
생산하기 시작하다

산업혁명

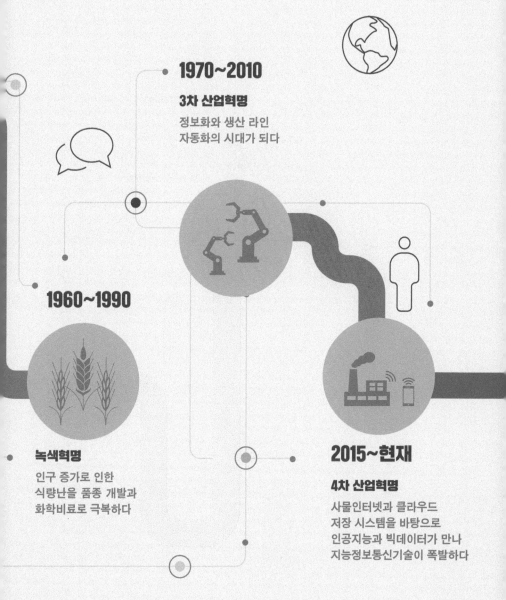

1970~2010

3차 산업혁명

정보화와 생산 라인
자동화의 시대가 되다

1960~1990

녹색혁명

인구 증가로 인한
식량난을 품종 개발과
화학비료로 극복하다

2015~현재

4차 산업혁명

사물인터넷과 클라우드
저장 시스템을 바탕으로
인공지능과 빅데이터가 만나
지능정보통신기술이 폭발하다

노동이 필요 없어진 시대의 사람은 과연 어떤 존재일까?

내 일자리는
어디에?
- 노동의 위기 -

신기술이 가져올 장밋빛 미래

'4차 산업혁명'이라는 말이 너무 많이 들린다. 딥러닝과 인공
지능, 사물인터넷, 3D 프린팅, 자율주행 자동차 같은 신기술이 여
기저기서 부쩍 현실로 다가온다. 이런 신기술이 우리가 사는 세상
을 어떻게 바꿀까? 정말 혁명이라는 말이 나올 만큼 근본적으로
바꿀까? 그렇다면 더 좋은 변화일까, 아니면 더 어두운 변화일까?
모든 변화가 그렇듯, 그 결과는 장밋빛이 될 수도 있고 잿빛이 될
수도 있다.

신기술 덕분에 생활이 아주 편리해지는 것은 틀림없는 사실이
다. 스스로 학습하는 지능을 갖춘 기계들이 우리가 명령하기도 전
에 미리 알아서 필요한 것들을 해결해 줄 것이기 때문이다.

자율주행 자동차를 예로 들어 보자. 자율주행 자동차는 더 이상 달리는 기계가 아니라 사물인터넷(IOT)망에 연결된 거대한 이동 정보통신기기다. 자동차가 사람을 태우고 이동하는 거대한 스마트폰이고, 신호등, 도로, 교통정보 카메라, 위성 등 모든 기계장치가 다 스마트폰처럼 서로 정보를 주고받는다고 생각하면 된다.

차이가 있다면 스마트폰은 사람이 조작하지만 이 자동차와 기계들은 스스로 정보를 교환하고 처리한다. 스마트폰은 사람이 시킬 때만 정보를 주고받지만, 이 기계들은 24시간 365일 늘 정보를 주고받는다. 이렇게 엄청나게 많은 기계가 정보를 주고받으려면 매우 용량이 크고 빠른 통신망이 필요하다. 그 통신망이 바로 5G다. 4G의 전송속도가 3G보다 겨우(?) 다섯 배 빠른 반면, 5G는 4G보다 무려 60배나 빠르다. 무엇보다도 동시에 연결할 수 있는 장치가 10배 많고, 동시에 전송할 수 있는 정보의 양도 훨씬 많으며, 빠르게 이동하는 상태에서도 30배 안정적이다.

5G로 연결된 자율주행 자동차는 이동하는 동안 이 사물인터넷망을 통해 도로의 상태, 교통 흐름, 공기의 질, 승객에 대한 정보를 실시간으로 공유한다. 자동차끼리, 교통관리 센터와, 또 금융기관과도 공유한다. 보안 카메라와도 공유하고, 기상청과도 공유한다. 이렇게 누적되는 정보를 통해 인공지능은 승객과 교통 상황에 대해 계속 학습하면서 똑똑해진다.

사람은 직접 운전을 할 필요가 없는 정도가 아니라 목적지를

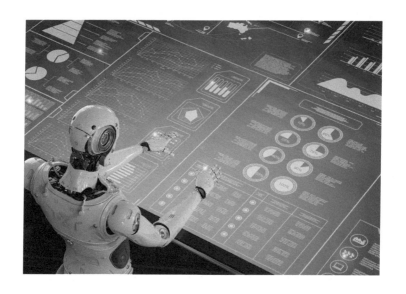

말할 필요조차 없게 될 것이다. 가령 A라는 사람이 차량을 호출하면 이 사람이 특정한 시간, 특정한 장소에서 차를 탈 때 가장 자주 가는 목적지의 목록이 이미 저장되어 있다. 그러니 두세 군데 제시되는 목적지 중 하나를 선택하기만 하면 된다.

물론 돌발 상황이 발생할 수 있다. 보행자가 갑자기 도로에 뛰어들 수도 있고, 때로는 프로그램에 오류가 생겨서 신호등 조작이나 차량 운행이 잘못될 수도 있다. 그러나 인공지능은 실수나 오류를 기억할 뿐 아니라 수집된 빅데이터를 통해 그러한 실수나 오류가 발생한 상황을 분석할 것이다. 그리고 프로그램의 오류가 있을 경우 이를 스스로 수정해서 더 나은 운행 시스템으로 발전해

나갈 것이다.

자동차뿐 아니라 일터와 생활공간 곳곳이 이런 식으로 바뀔 것이다. 세포 크기의 컴퓨터를 만들 수 있는 나노기술이 옷이나 신발에도 적용되면 센서와 사물인터넷이 연결될 수 있다. A 씨가 입고 있는 옷과 신발은 단순한 옷과 신발이 아니라, 날씨와 기상 상태 그리고 A 씨의 신체 상태와 활동을 측정하는 센서다. A 씨의 몸 상태, 활동 등을 고려해 가장 좋은 상태를 유지할 것이다.

집이나 사무실도 역시 이 모든 사물인터넷과 연결되어 있다. A 씨가 차에서 내리는 순간 이미 그가 살고 있는 아파트는 주인의 도착을 감지한다. 엘리베이터가 알아서 내려와 있고, 몇 층인지 버튼을 누를 필요도 없다. 집에 들어서면 날짜, 요일, 귀가 시간, 날씨 등등을 고려해 즐겨 보는 프로그램이 TV에 세팅되어 있고, 즐겨 듣는 추천 음악이 재생되며, 샤워기 온도도 맞춰져 있을 것이다.

세포보다 더 작은 크기의 로봇을 혈액에 주입해 두면 신체 구석구석을 돌아다니면서 정보들을 수집할 것이다. '세포보다 더 작은 로봇'이라니, 믿어지지 않을지 모른다. 현재 삼성, 인텔, TSMC 같은 세계적인 기술 기업들은 숨 막힐 정도의 미세 공정 경쟁을 하고 있고, 이미 4나노 단위의 작업을 할 수 있는 기술까지 개발하고 있다. 4나노는 세포 정도가 아니라 세포를 이루는 단백질 분자만 한 크기다. 그러니 세포만 한 로봇을 만드는 일이 불가능하지 않은 것이다.

　이런 초미세 로봇들이 수집한 생체 정보들은 빅데이터로 축적되며, 인공지능은 매일매일 수많은 사람들의 몸에서 수집한 정보를 바탕으로 우리 몸의 상태를 판단해 거기에 가장 적절한 식사, 운동, 혹은 휴식이나 치료들을 제안하고 처방할 것이다. 또 수많은 사람에게 주입된 로봇들끼리 정보를 공유하기 때문에 순식간에 인류 의학사 전체를 능가하는 방대한 의학 자료가 구축될 것이다. 어쩌면 우리 자신도 모르는 사이에 옷, 시계, 안경, 나노로봇 등에서 측정한 정보를 통해 인공지능이 이미 질병을 진단하고 즉시 처방을 내려 드론으로 약이 배달될 수 있다. 아니, 몸 안의 초미세 로봇이 정밀 수술을 해서 치료해 버렸을지도 모른다.

　배달 자체도 필요 없어질 수 있다. 3D 프린팅 기술이 인공지능과 함께 발달할 것이기 때문이다. 그럼 생활공간 곳곳에 자리 잡은 사물인터넷이 수집하는 정보를 바탕으로 우리에게 필요한 것이 무엇인지 인공지능으로 하여금 판단하게 할 수 있다. 인공지능은 모바일로 우리의 최종 의사만 확인할 것이다. 가령 "새 운동화가 필요하십니까?" 하고 물어보고 선택 가능한 디자인을 보여 준다. 그중 하나를 고르면 이미 집에 있는 3D 프린터가 운동화를 뚝딱 만들어 놓았을 것이다.

4차 산업혁명에 인공지능만 있는 것은 아니다. 여기에는 블록체인도 큰 역할을 한다. 블록체인을 기술적으로 이해할 필요는 없다. 기존의 모든 시스템에 중앙 처리 장치(기구)와 관리자(기구)가 있었다면, 블록체인은 중앙 없이 각 행위자가 서로 연결되어 여러 가지 업무 처리(P2P)를 가능하게 하는 기술이다. 가령 돈을 거래할 때 은행이라는 중앙을 거치지 않고 거래 당사자 간에 실시간으로 금전이 이동하고, 가수는 음반사나 멜론 같은 플랫폼 없이 팬에게 직접 음원을 공급하는 등의 일이 가능해진다. 이 경우 발생할 수 있는 안정성과 신뢰성의 문제를 블록체인이 해결해 주기 때문이다.

만약 가수가 되고 싶으면 기획사, 음반사를 찾아다니며 애원할 필요 없다. 곡을 만들어 네트워크에 올리고, 앞으로 자신의 곡을 스트리밍하기 위해 일정한 금액을 지불할 뜻이 있다고 서명한 사용자들에게 배포하면 된다. 학자가 되고 싶으면 학술지에 논문을 보내고 심사를 거쳐 논문이 실리기를, 또 출판되기까지 몇 달을 초조하게 기다리지 않아도 된다. 관련 분야 학자들의 네트워크에 논문 파일을 배포하면 그들의 평가와 의견이 기록되어 블록체인으로 저장되고, 일정 기준을 통과하면 정식 논문으로 인정되어 전 세계 학계에 알려질 것이다. 참으로 멋진 신세계가 아닌가?

정치가들은 지금보다 더 긴장해야 할지 모른다. 정치가의 발언 하나하나, 국회에서의 법안 의결 활동 하나하나가 모두 블록체인에 기록된다. 이 기록은 모두에게 공개되며 누구도 이를 감추거나 변조할 수 없다. 심지어 누군가 변조나 은폐를 시도한다면 그 기록까지 남아 공개된다. 그럼 인공지능은 이 기록들을 기반으로 해 유권자들이 해당 정치인을 다음 선거에 얼마나 지지할지 실시간 시뮬레이션으로 만들어 공개할 것이다. 지금은 여론조사에 비용이 많이 들기 때문에 몇몇 유력 정치인들에 대해서만 정기적으로 실시하고 있지만, 이런 인공지능 당선 예측 모형은 사실상 정치 활동을 하는 거의 매 순간 이루어질 수 있다. 말 한마디 잘못했더니 지지율이 혹 빠지는 것을 실시간으로 확인한다면 정치가들은 지금보다 훨씬 겸손하고 성실해질 것이다.

공짜는 없다, 신기술과 어두운 변화

세상에 공짜는 없다. 편리해지는 만큼 치러야 할 비용도 만만치 않다. 그건 사람이 필요 없어진다는 것, 일자리가 줄어든다는 것이다. 자율주행차만 예로 들어도 통용화될 경우 엄청나게 많은 일자리가 사라진다. 버스, 트럭, 택시 운전기사들이 일자리를 잃는다. 기차와 지하철의 기관사도 위험하다. 자율주행차는 승객을 내려 주고 나면 다음 손님을 찾아 스스로 떠날 것이기 때문에 주차장도 거의 필요 없다. 주차와 관련된 일자리 역시 사라진다.

스마트폰으로 언제든지 차를 불러서 탈 수 있다면 사람들은 굳이 자동차를 소유하려 하지 않을 것이다. 결국 자동차 판매, 영업과 관련된 일자리도 대폭 줄어들 것이다. 자율주행차는 전기를 동력으로 쓸 테니 주유소가 사라지고, 유조차가 사라지고, 정유공장이 크게 줄어들 것이다. 자율주행차는 교통법을 100% 준수하고, 서로 정보를 교환하면서 운행할 것이기 때문에 교통사고도 훨씬 줄어든다. 신호 위반이나 주차 위반 따위의 단속에 필요한 인력도 줄어든다.

자율주행차가 아직 오지 않은 미래라면 각종 음식점, 카페 등에 등장한 무인 주문대는 이미 다가온 미래다. 패스트푸드점을 중심으로 사람 크기만 한 무인 주문대가 손님을 맞이하는 매장이 늘어나고 있다. 물론 때로는 사람이 주문을 받아 처리하는 것보다 불편하고 느리기까지 하다. 하지만 4차 산업혁명 시대의 인공지능은 딥러닝을 통해 스스로 학습한다. 사람들이 주문할 때마다 그 정보가 누적되고, 이것이 안면이나 지문과 같은 생체 인식 시스템과 결합하면, 이 주문 시스템은 고객이 매장에 들어오는 순간 여러 가지 변수를 종합해 그 고객이 무엇을 주문할지 예측해서 주방에 신호를 보낼 수도 있을 것이다.

이와 같이 기계가 놀랄 정도로 영리해지고 모든 일이 자동으로 편리하게 이루어지는 세상은 그만큼 사람을 덜 써도 되는 세상이다. 기계가 갈수록 영리해지기 때문에 영리함을 발휘하는 데 들

어가는 비용도 점점 싸진다. 즉 월급 주고 사람을 고용하는 것보다 경제적일 수 있다는 것이다. 인공지능이 영리해질수록 없어지는 일자리의 종류도 단순노동에서 전문노동 쪽으로 변화할 것이다.

그런데 이게 꼭 4차 산업혁명만의 문제는 아니다. 기술 혁신이 일자리를 빼앗아 가는 일은 인류 역사를 통틀어 산업혁명 때마다 반복되어 왔다. 물론 산업혁명으로 일자리가 사라지는 만큼 새로운 일자리가 탄생하기도 한다. 가령 자동차의 발명으로 마부 등 마차 관련 일자리가 경마장을 빼고 모두 사라졌지만, 그 대신 마차보다 훨씬 많은 자동차 관련 일자리가 생겨났다. 그러니 일자리 상실 때문에 산업혁명을 무작정 거부할 일은 아니다.

물론 4차 산업혁명이 기존의 산업혁명과 성격이 좀 다른 것은 사실이다. 그동안의 산업혁명은 기계의 힘을 빌려 인간의 노동력을 '절약'하는, 그럼으로써 기업의 임금 비용을 줄이는 방식으로 이루어졌다. 하지만 4차 산업혁명은 인간의 노동력을 절약하는 대신 의문시한다. 그동안의 산업혁명에서는 아무리 기계가 영리해지고 성능이 뛰어나도 그 기계를 설계하고 개선하는 역할은 사람이 맡아야만 했다. 제아무리 영리한 기계라도 사람이 시키는 범위 내에서 유능할 뿐이었다. 하지만 이제 인공지능은 스스로 개량하고, 설계하고, 생산할 수 있는 지경까지 발전하고 있다. 딥러닝이란 것은 결국 인공지능이 사람의 도움을 받지 않고 스스로 학습하는 방법이다. 인공지능 시대에 대비한답시고 코딩 사교육에 돈을 쏟아붓는 부모들은 헛물을 켜고 있는 셈이다.

그렇다면 사람은 과연 어떤 일을 하고 살아야 할까? 노동이 남아 있기는 할까? 노동이 필요 없어진 시대의 사람은 어떤 존재일까? 그런 사람에게 과연 사람으로서 가치가 남아 있는 것일까? 이른바 4차 산업혁명은 이렇게 우리의 존재 근거를 묻고 있다.

미래에
대처하는
우리들의
자세

몸으로 하는 일

이렇게까지 이야기하니 마치 미래에는 일자리가 죄다 사라지
고 사람이 기계에 밀려나는 암울한 세상이 될 것 같다. 너무 걱정
할 필요 없다. 또 두려워만 한다고 가깝게 다가온 미래가 물러서
는 것도 아니다. 4차 산업혁명, 대규모 노동력 절약의 시대. 이 시
대를 살아가려면 우리의 생존 배낭에 무엇을 담아야 할까?

그동안 우리나라에는 몸으로 하는 일을 무시하는 풍토가 있었
다. 생산직 노동자보다 사무직 노동자를 선호하고, 기술직보다는
전문직을 선호했다. 그런데 앞으로는 신체가 더욱 중요해지는 시
대가 온다. 인공지능이 가장 어려워하는 일이 머리를 복잡하게 사

용하는 일이 아니라 바로 몸을 사용하는 일이기 때문이다.

공장 생산직 노동자, 운수직 노동자가 인공지능에 대체된다는
데 무슨 말이냐 하겠지만, 조금만 생각해 보자. 생산직 노동자, 운
수직 노동자는 의외로 몸을 많이 쓰지 않는다. 사무직, 전문직에
비해 머리를 덜 쓰는 것일 뿐이다.

반면 외과의사나 치과의사는 어떨까? 이런 일을 하려면 머리
도 많이 써야 하지만 실제로는 몸도 굉장히 많이, 그것도 복잡하
고 정밀하게 써야 한다. 이렇게 정밀하고 복잡한 신체 동작은 복
잡한 수학 공식을 푸는 것과는 비교도 되지 않을 정도로 엄청나게
많은 두뇌 자원을 사용한다. 뛰어난 계산 능력을 자랑하는 인공
지능 장치들은 많이 나와 있지만, 인공지능이 지시하는 대로 마치
사람처럼 움직일 수 있는 기계 몸의 개발은 아직 갈 길이 멀다. 심
지어 두 다리로 자연스럽게 걷는 로봇을 만드는 것조차 쉬운 일이
아니다. 하물며 기계가 수많은 근육과 관절을 동시에 미세하게 조
정해서 적절한 세기와 빠르기로 동작하도록 하는 일은 당분간 실
현이 어려울 것이다.

알파고를 예로 들어 보자. 알파고는 바둑돌을 어디 어디에 두
라고 화면으로 지시할 뿐, 실제 바둑돌을 들어서 바둑판 위에 올
려놓지 못했다. 바둑판에 돌을 폼 나게 턱 올리는 일은 사람이 대

신해 주어야 했다. 만약 그 일까지 로봇 팔을 이용해서 하려 했다면 바둑의 다음 수를 계산하는 것보다 훨씬 더 많은 컴퓨터가 할당되어야 했을 것이다.

물론 모든 사람이 외과의사나 치과의사가 될 수 있는 것은 아니다. 하지만 걱정하지 말자. 몸을 복잡하게 쓰는 일에 그런 전문직만 있는 것은 아니니까. 의외로 사람에게는 너무 당연한 신체 동작들이 인공지능에게는 천문학적인 계산이 필요한 일인 경우가 많다. 가령 청소만 해도 그렇다. 방바닥 정리는 로봇 청소기로 가능하다. 하지만 책상이나 책장의 어질러진 물건들을 정리하거나, 가게 매장에서 상품을 정리하는 일은 인공지능 로봇이 도저히 할 수 있는 일이 아니다. '어느 물건이 어디에 있어야 한다.' 정도의 정보는 알려 줄 수 있지만, 그 물건을 가지런히 정리하는 일은 사람이 할 수밖에 없다.

그 밖에도 몸으로 하는 일이 많을 것이다. 이삿짐을 포장해서 배송하는 일, 환자나 노인 그리고 장애인 등 신체적으로 도움이 필요한 사람들을 보살피는 일, 가로수나 정원수를 관리하고(가령 나무 밑동에 새끼줄 감는 일도 인공지능이 하기 어려운 일이다) 가지치기하는 일 등 생각해 보면 인공지능이 넘어서기 어려운 일이 무척 많다. 그동안 몸으로 하는 일이라고 선호하지 않았던 일들 중에서

뜻밖의 기회가 열릴 수 있다.

차이를 만들어 내는 생각

인공지능은 어떤 문제 상황에 직면했을 때 주어진 정보들을 바탕으로 상황을 판단하고 가장 적합한 해결책을 찾아낸다. 이것만으로도 대단한 일이다. 게다가 이런 일을 사람보다 더 빨리 정확하게 할 수 있다. 이건 인정해야 한다. 하지만 바로 여기에 인공지능의 한계가 있다. 인공지능은 언제나 문제 이후 단계에서부터 시작한다. 애초에 문제가 입력되어야 이후 과정이 진행되도록 짜여 있기 때문이다. 하지만 주어진 문제만 계속 반복해서는 발전이란 없다. 사람은 끊임없이 새로운 문제를 일으키며 발전해 왔다. 그중에는 끝내 해법을 찾지 못한 문제들도 많았지만, 그것을 해결하기 위해 고민하고 노력하는 과정에서 성장했다.

어떤 문제가 해결되고 정리되었을 때, 그 해결에 대해 '아니오'를 말하고 정리된 것을 헝클어 놓을 수 있는 능력. 기존에 내린 결론에 대해서도 다시 생각해 보는 능력. 이것이야말로 사람의 고유한 능력이다. 독일의 철학자 막스 셸러는 객관적인 현실에 대해 '아니오'라고 말하는 우주에서 유일한 존재가 사람이라고 말했다. 이렇게 '아니오'를 말함으로써 기존의 것과 다른 것, 즉 차이가 발생한다.

인공지능은 정확하게 반복되는 일에 가장 훌륭한 능력을 발휘한다. 사람이 그것을 아무리 따라 하려고 해도 도저히 당해 낼 도리가 없다. 그러나 '차이를 만들어 내는 능력', 이것이야말로 사람에게 고유한 능력이다.

특히 예술 분야에서 이 능력이 두드러진다. 인공지능이 딥러닝을 통해 고전음악 비슷한 음악을 만들어 낼 수는 있다. 하지만 인공지능이 '고전음악도 재즈도 락도 아닌, 심지어 음악이라고 할 수 없는, 그러나 음악인 음악'을 만들어 낼 수는 없다. 인공지능은 이런 것을 접하면 "이것은 음악이 아니다."라고 판단할 것이다. 그러나 사람은 "왜 이런 것은 음악이 될 수 없는가?"라고 물을 수 있는 존재다.

정서적 공감 능력

사람은 다른 사람의 정서 상태를 마치 자기 것처럼 느낄 수 있는 공감 능력과 그 공감을 상대방에게 표현할 수 있는 능력을 가지고 있다. 인간의 공감 능력은 '거울뉴런'의 작용으로 이루어진다. 문자 그대로 상대방을 거울처럼 복제할 수 있는 능력이다. 감정을 복제하는 과정은 먼저 표정을 복제함으로써 이루어진다.

사람은 미세한 안면과 안구의 움직임으로 자신의 감정을 의식적, 무의식적(대부분 무의식적이다)으로 드러낸다. 또 다른 사람의 미세한 안면, 안구 움직임을 따라 할 수 있으며, 이를 통해 상대의 감정 상태를 같이 느낀다. 미세한 안면 운동을 인식하는 능력과 안면의 미세한 운동 능력, 이 두 능력이 서로 상호작용하기 때문에 우리는 상대방의 표정을 알게 모르게 수없이 따라 하면서 공감한다. 웃음 짓는 얼굴을 따라 하면 실제로 기분이 좋아지는 것이 이 때문이다.

그런데 감정을 표현하는 이러한 안면 운동, 눈 운동 같은 표정은 매우 많은 근육이 눈에 띄지 않을 정도로 미세하게 조정되면서 이루어진다. 두 발로 걷는 것도 힘들어하는 인공지능이 할 수 있는 일이 아니다.

게다가 사람은 이러한 공감의 경험이 충분히 많이 쌓이면 상대방의 안면을 보지 않고, 기호나 텍스트로만 상황을 전달받고도 상상 속에서 상대방의 감정 상태를 파악하고 공감할 수 있다. 그림이 전혀 없고 오직 문자로만 이루어진 소설 속 주인공의 감정에 공감하는 능력은 상황과 내용을 바탕으로 한 논리적인 추론으로 이루어지는 것이 아니다. 당연히 이러한 일도 인공지능이 넘볼 수 없는 일이다.

다른 사람의 감정, 특히 고통에 민감하게 공감하는 능력은 사람이 지구상에서 제일 거대한 사회를 구성하는 데 가장 핵심적인 능력이다. 인공지능은 사회를 유지하고 발전하는 데 쓰려고 만들어진 것이다. 그리고 인공지능이 사회 유지와 발전에 도움이 되려면 공감 능력을 가진 사람과 협력해야만 한다. 인공지능이 다른 대상을 두고 '어떤 마음 상태이겠구나.' 하고 추론하는 인지적 공감까지는 가능할 수 있겠지만, 그가 느끼는 마음 상태까지 같이 느끼는 정서적 공감만큼은 범접할 수 없을 것이다.

개와 같은 동물들은 알지 못하지만 느낄 수는 있다. 인공지능은 알 수는 있지만 느낄 수 없다. 사람은 알면서 느낀다. 사람이 무엇인가를 경험한다는 것은 그것에 대해 인지적으로 알고, 정서적으로 느끼는 것이다. 따라서 정서적 공감이 필요한 영역은 결국 사람의 영역으로 남을 것이다. 오히려 그 영역은 갈수록 중요성이 커지면서 확대될 수 있다.

인공지능을 사용하는 일

결국 인공지능 그 자체는 사람을 완전히 대신할 수 없다. 다만 사람이 힘들어하던 일을 더 효율적으로 할 수 있을 뿐이다. 'Compute'라는 말이 '계산'이듯, 인공지능의 가장 큰 장기는 짧은 시간에 많은 양의 계산을 하는 것이다. 또 사람은 금방 질려서 도저히 하지 못할 수만, 수억 회의 반복 계산, 반복 동작도 지치지 않고 할 수 있다. 반면 신체를 정밀하게 움직이는 일, 감정을 읽고 표현하는 일, 차이를 만들어 내는 창조적인 일은 사람에 훨씬 미치지 못한다.

그렇다면 인공지능은 사람을 대체하기보다는 사람과 협력하는 대상이 될 수 있다. 노동 과정 중에 지겹고 재미없는 계산과 반복 작업을 인공지능에게 맡기고, 사람은 재미있고 창조적인 부분에 집중할 수 있는 것이다. 자동항법장치가 등장했음에도 불구하고 항공기 조종사가 대체되지 않은 이유도 그것이다. 기계가 더 잘할 수 있는 부분을 맡겨 둠으로써 조종사들은 경험과 통찰이 요구되는 상황에 집중할 수 있게 되었고, 결국 사고율을 0%에 가깝게 낮췄다.

인공지능을 통해 사람의 감각기관으로는 감지하지 못하던 정보들을 시청각 정보로 바꾸어 확인할 수도 있다. 어차피 우리가 보고 듣는다는 것은 특정한 범위 내의 전자기파나 공기의 진동을 감지해 이것을 전기신호로 바꾸어 뇌에 전달하면, 뇌가 그것을 해석해서 이미지로 만들어 낸 것이다. 그렇다면 초음파, 극저음파, 자외선, 적외선 등의 진동이나 전자기파를 감지해 전기신호로 뇌에 전달하지 못할 이유가 없다. 실제로 잠수함에서 초음파를 쏘아 그 반향을 감지하는 기술인 '소나'를 이용하면 물속의 장애물을 찾아낼 수 있다. 발달한 인공지능은 이것을 눈으로 볼 수 있는 영상으로 재구성할 수 있을 것이다. 5감을 넘어 6감, 7감, 8감으로 우리 감각이 확장되는 것이다.

감각뿐 아니라 신체도 확장할 수 있다. 우리는 인공지능에게 우리가 하는 행동이나 작업을 학습시킬 수 있다. 그리고 연약한 인체가 아닌 강인한 금속의 몸체에 우리 행동을 학습하는 인공지능을 연결할 수 있다. 그럼 이 튼튼한 금속 몸체를 위험한 구역에 투입하고, 우리는 안전한 구역에서 작업하는 모습을 보여 줌으로써 위험한 작업을 정교하게 수행할 수 있게 된다.

즉 지루한 일, 반복적인 일, 계산하는 일, 위험한 일 등 기계가 더 잘할 수밖에 없는 일은 기계에게 넘기고 우리는 보다 인간적인 일에 집중할 수 있게 되는 것이다. 사실 20세기는 '인간의 기계화'가 이루어진 시대였다. 대규모 공장에서 이루어지는 작업 방식은 기계의 방식이며, 인간은 살아 있는 기계로 투입되어 기계적으로 일할 것을 요구받았다. 하지만 이제 이 '인간기계'들이 기계로 대체되는 것이다. 그렇다면 남은 과제는 그동안 잊혔던 인간적인 일을 찾아내는 일이 될 것이다.

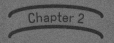

미디어로 포위된 세상

진실의 위기

디지털 콘텐츠   가짜 뉴스

윤리성   조지 오웰

매체 민주화   추천 알고리즘

편견   권력 불균형   소셜 미디어   비판적 사고

빅 브라더   필터버블   대중매체

고정관념   인터넷 루머

가짜 뉴스

언론사의 오보, 인터넷 루머 등 '21세기형 가짜 뉴스'는 미디어 플랫폼에 정식 기사처럼 등장한다. 자극적인 코드로 광고 수입을 노리는 가짜 뉴스는 윤리성을 따지지 않는다. 가짜 뉴스가 혐오를 조장하고 사회 통합을 방해한다는 우려가 계속되고 있다.

추천 알고리즘

소셜 미디어는 정보를 수집해 알고리즘을 거쳐 개인 맞춤형 콘텐츠를 제공한다. 이용자가 좋아하거나 자주 보는 것 위주로 보여 주는 이른바 '필터버블'(Filter Bubble) 현상이다. 문제는 이 과정에서 개인의 편견과 고정관념이 강화된다는 점이다.

빅 브라더

조지 오웰의 소설 『1984』에서 빅 브라더는 텔레스크린을 통해 사회를 끊임없이 감시하며 사생활을 침해한다. 정보를 독점하고 왜곡하는 강력한 권력인 빅 브라더의 위협은 이미 현실화되어 있다.

디지털 콘텐츠

문자·음성·음향·이미지·영상 등을 디지털 방식으로 제작, 처리, 유통하는 자료나 정보 등을 말한다. 디지털 콘텐츠는 디지털 형태로 존재하고, 유통 및 소비도 디지털 형태로 이루어진다.

매체 민주화

21세기 이후 대중매체와 사용자 사이의 권력 불균형이 무너졌다. 영상매체를 만드는 것뿐 아니라 사람들에게 보여 주거나 들려주는 것도 쉬워진 세상이다. 그러나 매체를 통해 유통되는 콘텐츠의 수준과 진실성이 점점 더 의심스러워지는 상황에서 매체에 대한 비판적 사고는 오히려 더 약해지고 있다는 우려가 있다.

한 방향 미디어의 몰락

유튜브의 폭발적인 성장세에는 데이터 통신 속도 향상과 스마트폰 등 모바일 기기 성능의 꾸준한 개선이 뒷받침됐다. 유튜브는 단순한 동영상 플랫폼에 그치지 않고 검색, SNS, 음원 스트리밍 등 다양한 기능을 갖춘 '멀티 플랫폼'으로 진화하고 있다. 연령대가 낮아질수록 유튜브 이용 시간이 늘어나는 경향을 보이는데, 2018년 2월 기준으로 10대는 유튜브에 1억 2900만 시간을 썼다.

수많은 말 중에 '정말?'이 없었다면?

유전자를 뛰어넘은 힘, 가장 오래된 도구

사람이 가장 먼저 사용한 도구, 가장 오래된 도구는 무엇일까? 돌도끼, 골각기, 토기 따위를 떠올릴 것이다. 하지만 사람이 만들어 낸 도구 중 가장 오래된 것은 자신의 생각과 정보를 전달하는 의사소통 도구, 바로 '매체'다. 사람은 매체를 사용하는 동물이다. 인지과학자들은 사람이 생각을 전달하기 위해 매체를 사용한 것이 아니라 매체를 사용하다 보니 생각을 하게 되었다고도 말한다.

그럼 매체 중에 가장 오래된 것은? 다름 아닌 몸이다. 사람은 몸짓과 목소리를 이용해 자신의 생각을 전달했다. 즉, 말을 하게 되었다. 사람은 '말'을 통해 자신이 직접 경험하지 않은 것들에 대해 학습하고, 자기 경험을 훨씬 넘어서게 되었다.

그런데 '몸'이라는 매체는 전달하는 사람이 그 자리에 있어야만 사용이 가능하다. 말하는 사람과 듣는 사람이 직접 이야기를 주고받을 수 있는 곳에 없으면 무용지물이다. 말하는 이의 생각을 듣고 싶으면 그가 있는 곳까지 가야만 하고, 내 이야기를 전하고 싶으면 들을 사람을 모으거나 모인 곳으로 가야만 한다. 전달받는 사람에 의해 왜곡될 가능성도 있다. 부정확한 기억이나 오해로 원래 생각과는 다른 것이 되기 쉽고, 이렇게 여러 다리를 건너다 보면 전혀 다른 생각으로 둔갑할 수도 있다.

이러한 불편은 '문자'가 발명되면서 사라졌다. 일단 문자로 기록해 두면 그 생각, 즉 지식과 정보는 보존된다. 듣는 사람 역시 말하는 사람이 살아 있을 때 만나기 위해 부지런히 움직일 필요가 없다. 설사 그 사람을 평생 만나지 못하더라도, 심지어 그 사람이 세상을 떠나더라도 상관없다. 그가 남긴 문자 기록을 읽음으로써 지식과 정보를 전달받을 수 있다. 문자라는 매체(텍스트)를 사용하면서 사람은 지리적, 시간적 한계를 뛰어넘어 생각을 주고받을 수 있다. 한 번도 만난 적 없는 사람, 오래전에 세상을 떠난 사람, 수천 킬로미터 밖에 떨어진 수백 년 전 사람들 사이에 생각이 전달된다.

수많은 말 중에 '정말?'이 없었다면

매체를 통해 사람은 생물학적 진화 속도를 넘어서는 발전을 이뤘지만 대가도 치뤘다. 다른 동물들은 자신의 감각기관만을 통해 세계를 지각하는데, 감각기관이 고장 나거나 착각을 하면 세계를 왜곡되게 인식한다. 그런데 사람은 감각의 착각뿐 아니라 매체의 왜곡에도 속을 위험이 있다.

매체를 통해 전달되는 정보는 아무리 생생하다 하더라도 '사실'처럼 여겨질 뿐 '진짜 사실'이 아니다. 감각기관은 때때로 고장이나 착각을 일으키지만, 의도적이지는 않다. 그러나 매체를 만든 사람은 의도적으로 현실을 왜곡하고 거짓된 정보를 전달할 수 있다.

물론 사람은 이 문제를 예방할 수 있는 도구를 가지고 있는데, 바로 비판적 사고다. 비판적 사고는 매체가 의도적이든 자체의 한계 때문이든 실제를 왜곡할 수 있다는 가능성을 전제하고, 그 차이를 드러내어 왜곡을 바로잡으려는 과정이다.

다른 사람의 '말'을 통해 들은 정보에 대해 "정말?" 하고 반문하는 것이 바로 일상생활에서 발휘되는 비판적 사고의 출발이다. 사람들은 겉으로 드러내지는 않아도 머릿속으로는 끊임없이 '정말?'을 되뇌며 매체를 통해 전달되는 정보를 비판적으로 검토한다. 사람은 비판적 사고력을 동원해 바른 매체와 거짓 매체를 구별해 가며 지식과 정보를 공유하고 발전시켰고, 스스로 영리해졌다. 흔히 구텐베르크의 인쇄술이 근대화에 끼친 영향에 대해 말한다. 그런데 비판적 사고의 발전 없이 인쇄술만 발전했다면 사람은 영리해지기는커녕 더 쉽게, 대책 없이 속고 말았을 것이다.

대중매체의 발달, 비판적 사고의 마비

20세기에 들어서면서 매체 기술이 고도로 발전했다. 문제는 매체가 발전하는 속도를 비판적 사고가 따라잡기 어려워졌다는 것이다. 이는 말이나 문자와 같이 사실을 간접적으로 전달하는 매체가 사진과 영상처럼 직접 보여 주는 매체로 바뀌었기 때문이다. '백문이 불여일견'이라는 옛말이 딱 들어맞는다. 말이나 글에 대해서는 비판적 사고가 작동할 여지가 많지만 눈앞에 떡하니 보이는 것에 대해서는 비판적 사고가 쉽사리 작동하지 않는다.

대중매체는 영상매체를 대량으로 살포한다. 한번에 많은 사람들에게 진실을 전달할 수도 있지만, 수많은 사람을 감쪽같이 속이는 도구가 될 수도 있다. 실제로 20세기 후반에는 공장에서 찍어내듯 대량으로 생산해 대중에게 무차별로 내보내는 영상매체가 홍수를 이루었다.

영상매체의 홍수는 비판적 사고를 할 틈을 주지 않았다. 참과

거짓을 가려내기도 전에 다음 영상이 쏟아져 나온다. 비판적 사고가 마비된 사람들은 대중매체 앞에 수동적인 위치로 전락하고 만다. 매체가 보여 주는 것이 그대로 사실이 되는 것이다. 실제 사실, 진실은 인식의 범위 너머에 깊게 감추어진 그

무엇이 되어 버린다.

대중매체 세상에는 두 종류의 사람이 존재한다. 한 종류는 매체를 만들고 매체를 보급한다. 다른 한 종류는 그 매체를 수용한다. 이게 곧 권력의 서열을 결정한다. 대중매체를 통해 영상매체를 보급하려면 엄청난 제작 장비와 배포망이 필요하다. 대자본이나 정부가 아니면 감당할 수 없는 비용이다. 결국 대중매체를 통해 지식과 정보를 배포하는 주체는 대자본이나 정부이며, 일반 대중은 수동적인 매체 수용자의 위치에 만족해야 하는 구조가 굳어졌다.

1980년대에는 "텔레비전에 내가 나왔으면 정말 좋겠네, 정말 좋겠네."라는 가사의 노래가 있었다. 텔레비전에는 아무나 나오는 것이 아니었다. 누가 텔레비전에 나올지 결정할 수 있는 영향력이 곧 권력이었다. 그리고 이 권력을 가진 집단은 자신들의 경험을 보편적인 세계 경험으로, 그들이 해석한 세계를 실제의 세계로 널리 퍼뜨릴 수 있었다.

매체의 민주화, 그러나

21세기 들어 대중매체에 의한 권력 불균형이 무너지기 시작했다. 20년 전만 해도 영상을 제작하려면 고가의 장비가 설치된 스튜디오와 특별한 전문가가 필요했지만 이제는 스마트폰 하나만 가지고도 할 수 있다. 이런 기술 발전 속도라면 손가락 몇 번만 누르면 영상물 하나가 뚝딱 만들어지는 세상이 올 것이다. 20세기만 해도 스튜디오와 제작팀이 동원되어야 가능했을 수준의 동영상을 평범한 중학생이 매주 정기적으로 만들 수도 있다.

만드는 것도 쉬워졌을 뿐 아니라 사람들에게 보여 주거나 들려주는 것도 쉬워졌다. '텔레비전에 나왔으면' 하고 간절하게 노래할 필요가 없다. 유튜브에 올리면 자신이 만든 영상물을 세상에 뿌릴 수 있다. 그 범위도 무려 전 세계다. 돈 한 푼 안 들어간다. 오히려 벌 수 있다. 번거롭게 광고주와 계약을 맺을 필요도 없다. 구글이 알아서 다 해결해 준다. 이제 너도 나도 방송국이 될 수 있는 것이다.

영상매체가 홍수를 이루게 되었다. 2018년을 기준으로 유튜브에는 1분마다 400시간 이상 분량의 동영상이 업로드되고 있다. 그 어떤 케이블 방송도, 위성방송도 이렇게 많은 영상을 보여 줄 수 없다. 수십 가지 채널의 케이블 방송을 보면서도 볼만한 게 없어 리모콘을 수없이 눌렀던 사람들에게는 이보다 더 좋을 수 없다. 더구나 '본방 사수'도 필요 없다. 언제든 다시 보면 된다. 집에 갈 필요도 없다. 내가 어디에 있든 모바일 기기로 보면 된다.

하지만 문제가 발생했다. 1분당 400시간이라면 1시간에 24만 시간, 1년이면 몇억 시간 분량의 동영상이 올라온다는 뜻이다. 이 엄청난 동영상의 홍수 속에서 자기 취향에 맞는 영상이나 프로그램 찾기란 그야말로 백사장에서 바늘 찾기다. TV로 치자면 채널

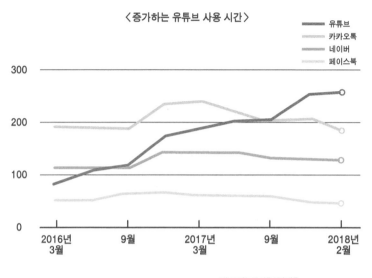

〈증가하는 유튜브 사용 시간〉

유튜브
카카오톡
네이버
페이스북

300

200

100

0

2016년
3월

9월

2017년
3월

9월

2018년
2월

*안드로이드 앱 사용 시간 기준
*출처 : 와이즈앱 2018 한국인의 모바일앱 소비 시간 추이

2018년 조사 결과에 따르면 유튜브 사용 시간이 2년 새 세 배 이상 늘어났다. 유튜브는 검색, SNS, 음원 스트리밍 등 다양한 기능을 갖춘 '멀티 플랫폼'으로 진화하고 있다.

이 몇억 개인 셈인데, 이 가운데 자신에게 맞는 채널을 어떻게 찾을 수 있을까?

인공지능이 이 어려운 일을 해 준다. 인공지능은 평소 사용자의 검색 경향, 유튜브 이용 방법, 기타 여러 가지 정보들을 학습하고, 이를 통해 사용자의 성향이나 취향에 맞는 맞춤형 동영상을 알아서 추천한다. TV 시절에는 채널을 계속 돌리다가 결국 마음에 드는 프로그램이 없으면 시청을 포기하든가 그나마 나은 것을 억지로 봐야 했다. 유튜브가 처음 등장했을 때도 영상을 찾느라 걸리는 시간이 시청하는 시간보다 더 길었다. 하지만 구글과 유튜브가 결합하자 채널이 스스로 나에게 맞는 프로그램을 찾아 주는 마법 같은 일이 일어났다.

　방송사와 시청자의 구별, 그리고 그 속에서 형성된 권력관계가 무너진 것이다. 과거에는 TV 방송사나 제작사가 '갑'이었다. 그들이 보여 주는 대로 봐야 했고, 그들이 알려 주는 대로 알아야 했다. 채널마다 걸그룹 음악밖에 안 나온다면 결국 특별히 비판적인 취향을 가지지 않는 한 그걸 보고 들어야 했고, 그러다 보면 나중에는 사람들의 음악 취향 자체가 그렇게 바뀌었다.

　유튜브에서는 시청자와 제작자의 구별이 모호하다. 마음에 드는 동영상을 널리 퍼뜨릴 수도 있고, 제작자와 댓글로 대화할 수도 있으며, 필요하면 직접 제작자가 될 수도 있다. 바야흐로 진정한 사용자 제작 콘텐츠(UCC)의 시대가 열린 것이다.

　아마추어가 제작한 동영상들이 많다 보니 유튜브 동영상들의 수준이 방송사보다 뒤떨어지는 것은 사실이다. 하지만 그렇다고 그동안 TV에서 수준 높은 영상물들만 보여 주었다고 자신할 수도 없다. 어차피 시간 죽이기 용도라면 어디서나 간편하게 볼 수 있고, 광고도 없고 돈도 내지 않는 유튜브에 먼저 눈이 가는 게 당연하다. 실제로 미국에서는 유튜브가 활성화되는 만큼 방송사들, 특히 케이블 TV 방송사들이 시청자를 빼앗기면서 경영이 날로 악화되고 있다.

전문 제작자가 만든 수준 높은 드라마나 영화를 보여 주는 일에서도 기존 방송사들의 상황은 좋지 않다. 넷플릭스 같은 스트리밍 업체가 성장했기 때문이다. 넷플릭스는 아마추어들이 만든 영상을 제공하는 유튜브와 달리 아예 전문적으로 제작된 드라마나 영화를 제공한다. 달마다 일정 비용만 내면 엄청난 수의 드라마와 영화 가운데 자신이 좋아하는 작품을 찾아, 보고 싶은 시간에 볼 수 있다. 게다가 어느 정도 지나면 찾는 일도 할 필요 없다. 인공지능이 사용자 특성을 학습해 좋아할 만한 영화나 드라마를 척척 추천해 주기 때문이다.

이렇게 대중매체와 사용자의 관계가 다시 평등해졌다. '매체의 민주화'다. 그럼 이제 사람들은 거대 매체들이 조작한 세상이 아닌 현실을 자유롭게 직시할 수 있게 된 것일까? 안타깝게도 상황은 정반대로 흘러가고 있다. 진입 장벽이 거의 없기 때문에 누구도 이 새로운 매체를 지배할 수 없지만, 거꾸로 지배하는 존재가 없기 때문에 이 매체에서 유통되는 콘텐츠의 수준, 그리고 그 콘텐츠의 사실과 거짓 여부를 가려낼 과정이나 장치가 없다.

방송사와 같은 대자본 대중매체가 지배하던 시절에는 독재자가 지배하는 사회가 아닌 다음에야 대놓고 거짓을 말하는 콘텐츠는 많지 않았다. 만에 하나 허위 보도나 비도덕적인 방송 때문에 방영 정지, 영업 정지를 당하거나 거액의 손해배상 등에 휘말리면 엄청난 제작비를 날리기 때문이다.

제작과 배포 규모가 거대한 만큼 그 책임의 무게도 컸다. 그래서 방송사나 신문사 등 기존의 대중매체 사업자들은 대중에게 콘텐츠를 유통시키기 전에 철저한 검증 과정을 거쳤다. 특히 뉴스나 신문은 드라마, 영화보다 이 과정이 더욱더 중요했다. 매체의 규모가 클수록 검증 절차가 꼼꼼했다. 잘못될 경우 잃을 것이 그만큼 크기 때문이다. 반면 매체의 규모가 작으면 잃을 것이 적어 이 과정이 허술했다. 이른바 저질 방송, 삼류 신문이다.

하지만 유튜브 같은 콘텐츠 제작자는 허위 사실을 퍼뜨리고 비도덕적인 내용을 담았다가 발각되었다 해도 잃을 것이 별로 없다. 애초에 제작비도 별로 많이 들어가지 않았고, 딱히 큰돈을 벌 생각도 없었으니 말이다. 잘못되어 봐야 올린 영상이 삭제당하거나 해당 계정이 정지되는 정도에 그친다. 어차피 공짜로 플랫폼을 이용했으니, 쫓겨난다 한들 그것 역시 공짜다.

유튜브 같은 플랫폼 업체는 자신들의 플랫폼에서 유통되는 동영상의 내용에 대해 책임지지 않는다. 시청자들로부터 항의가 많이 들어오는 불량한 콘텐츠가 발견되면 해당 콘텐츠를 삭제하면 그뿐이다. 조치라고 해 봐야 자주 항의와 신고가 들어오는 콘텐츠의 유형을 인공지능에게 학습시키는 정도일 것이다. 인공지능은 특정한 단어나 장면이 자주 등장하는 콘텐츠를 자동으로 차단하거나 연령 제한을 걸 것이고, 그걸로 플랫폼의 책임은 끝난 셈이

된다. 그 밖의 모든 책임은 제작자 겸 사용자의 몫이다. 잘못된 정보, 비윤리적인 내용이 유통되었다면 그걸 제작한 사람이 나쁜 사람이며, 속아 넘어가거나 나쁜 영향을 받았다면 그건 당한 시청자의 책임이다.

게다가 이들은 법적으로는 방송 사업자, 제작자가 아니라 일반인이기 때문에 방송위원회 심의 규정을 적용받지 않는다. 결국 플랫폼 업자도 책임을 지지 않고, 제작자도 책임을 지지 않는 상태에서 돈을 벌 수 있는 기회만 열렸다. 그렇다면 무책임하고 선동적인 사용자 제작 영상의 범람은 당연한 결과다. 수억 개의 콘텐츠가 경쟁하고 있으니 '악플이라도 무플보다는 낫다.'는 원칙에 따라 일단 관심을 불러 모아야 하기 때문이다.

이렇게 옥과 돌이, 심지어는 똥까지 섞인 수억 편의 동영상이 인터넷을 통해 범람한다. 플랫폼을 운영하는 인공지능은 시청자의 취향을 개선하거나 교양을 쌓게 하는 일에는 관심이 없다. 다만 시청자가 좋아할 만한 것들을 추천할 뿐이다. 따라서 수억 편의 동영상 중에서 각자 수준과 취향에 맞는 것들, 혹은 현재 많은 사람이 좋아하는 것만 계속해서 목록에 뜬다. 즉 옥을 좋아하는 사람의 컴퓨터

나 스마트폰에는 옥만 계속 뜨고, 똥을 좋아하는 사람의 컴퓨터나 스마트폰에는 계속 똥만 나오는 것이다.

이렇게 되면 취향의 상향 이동은 원천적으로 불가능하다. 공중파 TV가 시청자의 눈을 독점하던 시절에는 그래도 교양 프로그램이나 공익 프로그램 같은 것을 섞어 넣을 수나 있었지만, 유튜브 세상에서는 그런 거 없다. 시청자의 현재 상태, 수준, 취향만이 계속 재생산되며, 경우에 따라서는 더 저속하게 가라앉을 수도 있다.

하지만 이렇게 범람하는 사용자 제작 콘텐츠와 인공지능에 의한 추천은 시청자들에게 자신이 자유롭게 콘텐츠를 선택하고 있다는 착각을 심어 준다. 사실은 기존 취향 속에 갇혀서 그것만을 계속 강요당하고 있으며, 혹은 인공지능에 의해 은근히 특정한 취향 쪽으로 유도되고 있음에도 불구하고 말이다. 이렇게 유튜브 시청자는 보고 듣는 콘텐츠를 자신이 선택한다고 믿고 있기 때문에 TV 시청자에 비해 비판적 거리를 두고 감상하는 경우가 훨씬 적을 것이다.

이건 심각한 역설이다. 매체를 통해 유통되는 콘텐츠의 수준과 진실성이 점점 더 의심스러워지는 상황에서 매체에 대한 비판적 사고는 오히려 더 약해지고 있다. 우리나라의 경우 비판적 사고의 경험이 부족한 고령층을 대상으로 유튜브를 통해 각종 유언비어나 가짜 뉴스가 범람하는 방식으로 문제가 나타난다. 각종 권위주의와 군사독재 정권 치하에서 거의 평생을 살아온 세대들은 비판적 사고의 경험이 부족한 경우가 많기 때문에 매체를 통해 전달되는 사실을 그냥 믿어 버릴 가능성이 크다. 그리고 실제로 그런 일이 일어나고 있다.

우리나라뿐이 아니다. 미국의 도널드 트럼프 대통령은 자신의 엉터리없는 선동과 날조된 주장을 비판하는 기존 언론사들을 오히려 '가짜 언론'(Fake News)이라고 부르면서, 트위터 등을 통해 유통되는 극우주의자들의 사설 방송을 적극적으로 옹호한다. 현재 미국에서만도 유튜브나 SNS를 통해 유통되는 이런 극우적인 사설 방송이 수백 개가 넘는다고 한다.

우리의 미래는 어떻게 되는 것일까? 앞으로 우리는 영영 진실을 알지 못하는 세상에서 살게 되는 것일까? 심지어 빅 브라더조차 없는 상황에서 수억 명이 각자 수억 명을 속이면서 아수라장이 된 매체를 보고 들어가며 살아야 하는 것일까?

회의주의

회의주의는 모든 것을 의심하는 태도를 말한다. '의심'이라는 말이 주는 부정적인 느낌 때문에 조금 꺼려질 수도 있다. 하지만 회의주의의 뜻은 매사에 비관한다는 그런 의미가 아니다. 오히려 '쉽게 믿지 않는다.'라는 의미에 가깝다. 불신주의가 아니라 단지 회의주의다.

회의주의에는 두 가지 종류가 있다. 하나는 절대적인 진리를 의심하는 것이다. '철학적 회의주의'가 여기 해당된다. 사람의 인지능력, 감각능력은 제한되어 있다는 것이 그 근거다. 불완전한 인지능력, 감각능력 때문에 사람은 절대적 진리를 인식할 수 없다. 만약 누군가가 절대적으로 옳다고 주장한다면 자기 혼자 그렇게 믿는 독단이거나 진리가 아님을 알면서도 속이는 것이다. 이런 식의 입장을 흔히 '불가지론'이라고 부른다. 하지만 철학적 불가지론이 '어차피 알 수 없으니 공부도 하지 말자, 아무것도 하지 말자.' 같은 의미는 아니다. 절대적인 진리를 알 수 없으니 어느 정도의 진리에 만족하자는 뜻일 뿐이다. 즉 아무것도 알려 하지 말라는 것이 아니라 알고자 노력은 하되, 그것을 완전히 믿지는 말라는 정도의 의미다.

회의주의의 다른 하나는 실증적 증거가 충분히 나오기 전에는 어떤 주장도 의심하는 태도이다. 즉 어떤 진리 주장을 충분히 검토한 뒤에 인정하자는 것, 그리고 인정된 진리 주장이라 할지라도 그것이 잠정적인 것임을 받아들이자는 것이다.

주로 과학자들이 이런 태도를 가지고 있기 때문에, 이를 흔히 '과학적 회의주의'라고 한다. 이 회의주의는 진리 인식 가능성을 부정하는 것이 아니다. 다만 어떤 주장이 진리라고 주장하려면 반드시 실증적인 증거가 있어야 하며, 증거가 제출되지 않는 한 그 주장은 의심의 대상으로 본다는 것이다. 물론 이러한 회의주의자들은 실증적인 증거로 충분히 검증된 주장은 그것이 아무리 자기 생각, 믿음과 어긋나더라도 받아들일 준비가 되어 있어야 한다.

그리고 더 설득력이 높고 더 나은 증거로 증명된 반론이 나온다면 그동안 철석같이 여겨 왔던 진리라 하더라도 버릴 준비가 되어 있어야 한다.

뿌리 찾기

회의주의만으로는 부족하다. 언론, 매체의 홍수 속에서 눈에 확 띄는 사실이나 주장을 만났을 때, 그 주장의 증거가 충분한지 확인하는 일은 과학자에게도 어려운 일이다. 실증적인 증명의 과정에는 많은 시간과 돈이 든다. 접하는 주장마다 일일이 증거를 찾아야 한다면 신문 하나를 보기 위해 한평생을 보내야 할지도 모를 일이다.

그래서 언론을 통해 어떤 놀라운 주장이 제기되거나 새로운 사실이 보도되면 그 출처를 찾아야 한다. 그 출처가 믿을 만한 곳에서 나왔는지 아니면 문자 그대로 기자나 해당 언론사의 '뇌피셜'인지 확인하는 것이다. 대부분의 선동적인 매체들은 사실과 뇌피셜을 섞어서 기사를 쓴다. 즉 사실은 믿을 만한 출처에서 옮겨 오고, 그것을 자기 멋대로 해석해 기사를 쓰는 것이다. 이때 사실의 출처와 주장의 출처를 분리하지 못하면 그 주장까지 사실로 믿어 버리기 쉽다.

선동적인 거짓 뉴스가 자주 쓰는 또 다른 수법은 선동적인 언론 매체끼리 출처의 꼬리 물기를 하는 것이다. 거짓 뉴스가 다른 거짓 뉴스에서 보도의 출처를 따오고, 그 거짓 뉴스는 또 다른 거짓 뉴스에서, 그 거짓 뉴스는 아까 그 거짓 뉴스에서 출처를 따오는 식이다. 가령 짝퉁 신문사에서 거짓 뉴스를 보도하면서, 그와 같은 사실이 과학적으로 입증되었다며 가짜 학회 학술지를 출처로 대는 것이다.

따라서 '증거'를 통해 검증되었다고 하더라도, 그 검증을 인정한 곳이 어딘지, 그것을 발표한 곳이 어딘지 꼼꼼히 따져 보아야 한다. 과학자가 검증했다는 논문 발표 내용을 보도할지라도, 그 과학자가 논문을 발표한 학술지가 믿을 만한 곳인지, 그 과학자가 다른 학술지에는 어떤 논문을 썼는지도 살펴보아야 한다.

대부분의 잘못된 지식과 정보는 '증거가 없거나' '출처가 없거나' 둘 중 하나다. 증거를 직접 확인하기는 어려우니 출처를 꼼꼼히 확인하자. 출처 자체가 이미 왜곡되고 편향된 입장을 가진 곳이라면 아무리 과학적인 껍질을 뒤집어쓰고 있어도 믿지 말아야 한다. 그리고 최소한 두 군데 이상 다른 매체에서도 이 사안을 중요하게 다루는지 재확인해 보는 일도 필요하다.

이 모든 과정을 딱 한마디로 요약할 수 있다.

"믿기 전에 확인하라."

하지만 안타깝게도 많은 사람들이 충격적인 보도나 소식을 접하면 확인하기 전에, 심지어 믿기도 전에 먼저 행동부터 한다.

매체 문해력

과학적인 증거가 있고, 믿을 수 있는 출처를 댔다고 할지라도 매체는 그 자체의 속성 때문에 얼마든지 왜곡이 가능하다. 매체를 생산하는 사람이 의도적으로 왜곡할 수도 있고, 무의식적으로 자기 신념 등이 반영되어 왜곡할 수도 있다.

충실한 사실을 전달함에도 불구하고 배치, 편집, 표현하는 방식, 보도 시기, 맥락 등을 통해 전혀 다른 효과를 만들어 낼 수 있기 때문이다. 따라서 공신력 있는 매체를 통해 발표된 분명한 증거를 제시하더라도, 왜 '이 특정한 시기'에 '이 특정한 주제'에 대해 '이 정도의 중요성을 두고', '이런 방법으로' 보도하는가를 따져 보아야 한다.

이러한 능력을 가리켜 매체가 전달하는 내용뿐 아니라 매체 그 자체를 읽어 내야 한다는 점에서 '매체 문해력'(Media Literacy)이라고 부른다. 매체 문해력은 매체를 얼마나 능수능란하게 다룰 수 있는지를 포함하는 능력이다. 가장 기본적인 검색어 입력에도 교육과 훈련이 필요하다. 검색어를 효과적으로 입력해 원하는 결과를 찾아내는 능력이 부족하다면 매체가 제공하는 초기 화면이나 추천을 중심으로 정보를 습득하게 된다. 이 초기 화면이나 추천이 인공지능에 의한 것이라면 다중의 선택에 휩쓸려 다니는 결과가, 사람이 편집하는 것이라면 다른 사람의 뜻에 따라가는 결과가 된다. 그럼에도 사용자는 마치 자기 스스로 세상에 대한 정보를 얻은 양 착각하는 것이다. 특히 유튜브 등의 영상매체는 텍스트매체와 달리 사용자가 생각하고 검토할 시간을 주지 않는다. 물론 화면을 자주 정지해 가며 보면 가능하긴 하겠지만, 유튜브를 그렇게 사용하는 경우는 별로 없다.

더욱이 우리나라의 정규교육 과정에서는 매체 문해력 교육이 거의 이루어지지 않고 있다. 사실상 어른들 중에서도 매체 문해력을 갖추고 매체를 사용하는 사람 자체가 극소수다. 배웠다는 사람들조차 〈SKY 캐슬〉처럼 대중들 사이에 널리 소비된 드라마와 실제 학교교육 현실을 착각하며, 몇몇 매체가 선동하는 대로 여론이 움직인다. 이런 일이 일어날 때마다 여러 맥락에서 따져 보는 비판적인 관점을 가지자. 인생은 속고 조작당하며 살기에는 너무 짧고 소중하다.

적극적인 참여

정치에만 참여가 중요한 것이 아니다. 미디어 역시 적극적인 참여가 중요하다. 이미 거대한 매체 기업이나 기관이 아닌 사용자 생산 미디어가 주도하는 시대다. 거대 매체의 필터링 역할을 할 사람들은 결국 사용자들밖에 없다. 유튜브에는 신문사나 방송국의 이른바 데스크가 없지만, 다중의 의견이 모이면 가장 현명한 편집국장을 능가할 수 있다. 매체들을 그저 즐길 뿐 아니라 적극적으로 리뷰를 쓰는 태도가 중요하다. 실제로 구글 지도는 사용자들의 리뷰와 평점만으로 미슐랭 가이드 못지않은 맛집 리스트를 제공한다. 유튜브와 같은 매체 역시 거짓 정보나 유해한 내용을 퍼뜨리고 있으면 그 사실을 적극적으로 리뷰에 쓰고 평점을 깎자.

사람들의 문제 제기와 비판, 낮은 평점이 많이 모인 콘텐츠는 결국 도태되고 말 것이다. 또한 인공지능은 이런 적극적인 사용자들의 성향을 학습하고 그들의 취향에 맞는 콘텐츠를 우선 추천할 것이기 때문에 점점 더 깨끗한 매체의 세계를 만들어 갈 것이다. 리뷰 한 줄, 별 하나 체크하는 것을 귀찮아하지 말자.

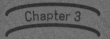

Chapter 3

나는 네가 지난여름에
한 일을 알고 있다

사생활의 위기

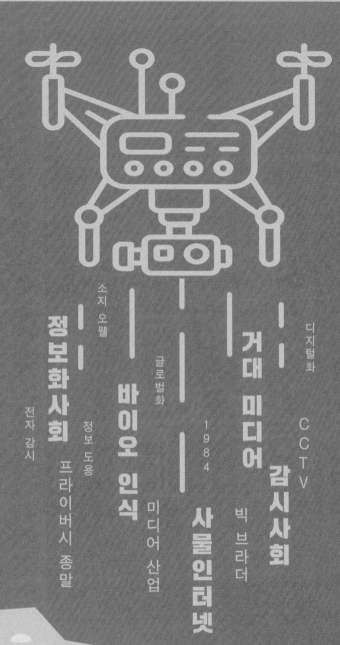

디지털화

CCTV

거대 미디어

감시사회

소지 오웰

정보화사회

바이오 인식

글로벌화

1984

사물인터넷

빅 브라더

정보 도용

프라이버시 종말

전자 감시

미디어 산업

감시사회

'전자 감시'는 국가나 자본이 데이터베이스를 활용해 개인의 생각과 행동을 감시하는 것이다. 보이지 않는 감시와 통제가 노골화되는 디지털 감시사회에서 개인의 프라이버시는 위기에 처해 '프라이버시의 종말'이라는 말까지 등장했다.

바이오 인식

얼굴 모양, 지문, 홍채, 땀샘 구조, 혈관 등 사람마다 다른 생체 정보를 추출해 정보화하는 인증 방식이다. 도용이나 복제, 분실에 대한 위험성이 없지만 이용자에 대한 추적이 가능하다는 점에서 논란이 되고 있다.

사물인터넷

단어의 뜻 그대로 '사물들'(Things)이 '서로 연결된'(Internet) 것 혹은 사물들로 구성된 인터넷. 컴퓨터나 무선 인터넷이 가능한 휴대전화가 서로 연결되어 구성되었던 기존 인터넷과 달리 자동차, 가방, 나무 등 세상에 존재하는 모든 사물이 연결되어 구성된 인터넷이다.

정보화사회

현대사회, 산업사회, 자본주의사회 등으로 불리던 현대사회에 구조적 전환이 이루어지고 있다는 생각이 확산되면서 등장한 용어다. 정보화사회에서는 생산과 소비 모든 분야에 걸쳐 지식·정보의 비중이 커지고, 정보 공유를 통해 경제, 사회, 정치, 역사의식이 성장한다.

거대 미디어

1990년대 이후 미디어 산업은 디지털화, 글로벌화, 거대화의 추세를 보이고 있다. 미디어 산업이 몇몇 소수의 거대 미디어 기업(Media Conglomerate)들에 의해 지배되고 있는 것이다. 미국의 월트 디즈니, 타임 워너 등이 대표적인 예다.

도망칠 곳은 없다

행정자치통계연보에 따르면 2018년 기준 전국 공공기관의 CCTV는 총 100만여 대이며, 민간 CCTV까지 합치면 150만여 대 이상으로 추정된다. 인구 34명당 1대꼴이다. 방범, 교통단속용으로 주로 쓰이고 있고 범죄 예방 효과가 있음에도 사생활 침해 논란으로 'CCTV 딜레마'는 현재진행형이다. 한시도 CCTV의 눈에서 벗어날 수 없는 세상, 우리가 살고 있는 대한민국의 모습이다.

개인정보로 '토탈 케어'를 제공한다고?
토탈 케어랑 토탈 컨트롤은 종이 한 장 차이야!

나는 네가
지난여름에
한 일을 알고 있다
- 사생활의 위기 -

튼튼한 치안과 감시사회

중국의 어느 체육관에서 수배 중인 용의자가 체포되었다. 중국 공안은 만 명이 넘는 관중들 속에서도 용의자를 정확히 가려냈고, 위치까지 단번에 파악해서 체포한 것이다. 도대체 어떻게 이런 일이 가능했을까?

구석구석 숨어 있을 뿐 아니라 네트워크로 연결되어 공안(경찰) 서버에 계속 정보를 제공하는 수많은 CC카메라 덕분이다. 중국 공안은 안면 인식 프로그램을 이용해 이 서버로 들어오는 수많은 보안 카메라의 인물 중 자신들이 감시하고 있는 사람을 파악한다. 그러니 일단 공안의 감시 대상으로 찍히면 어디를 가더라도 추적을 피할 수 없다.

이걸로 모자라서 중국 정부는 국민 개개인의 금융거래, 근로 실태, 기타 수많은 정보를 모아서 등급화하는 공안 시스템을 만들고 있다. 표면적인 이유는 은행 등 금융사의 고객 신용 등급을 정하기 위해서라고 하지만, 이 말을 그대로 믿는 사람은 거의 없다. 대부분의 사람들은 중국 공안이 평소 SNS 등에서 정부에 비판적인 발언을 하거나 각종 시위에 자주 참여하는 사람들을 등급화해서 관리하고 감시할 속셈이라고 생각한다. 실제로 중국은 신장위구르 자치구처럼 중국 공산당 통치에 대해 비판적인 지역을 거미줄 같은 감시 카메라와 SNS, 인터넷 등의 통신 검열을 통해 촘촘하게 감시하고 있다.

중국뿐 아니다. 싱가포르는 경범죄에도 무거운 벌금을 매기는 경찰국가 이미지가 강하다. 싱가포르 경찰에 따르면 2016년에는 135일 동안 사소한 소매치기 사건 하나 없이 지나간 엄청난 기록을 세우기도 했다. 그런데 막상 여행자들 눈에는 경찰의 모습이 잘 띄지 않는다. 도시 곳곳에서 공안들이 매서운 눈초리로 활보하고 다니는 중국, 베트남과 다르다. 그렇다고 싱가포르가 자유방임국가는 절대 아니다. 싱가포르 시민들은 경찰을 상당히 두려워한다. 왜 그럴까? 도시 곳곳에 자리 잡은 카메라가 사람들의 일거수일투족을 감시하고 있기 때문이다. 싱가포르의 감시 카메라는 9만 개가 넘는데, 가로등 숫자와 비슷한 수치다. 심지어 드론까지 날아다니며 감시한다.

2000년대 초반만 해도 이런 식의 촘촘한 카메라 망은 '본'(Bone) 시리즈나 〈미션 임파서블〉 같은 첩보 영화에서나 볼 수 있는 것이었다. 이런 영화들을 보면 주인공이 어디를 가든, 누구와 만나든, 누구와 전화를 하든, 일거수일투족 말 한마디를 모두 감시하는 국가 정보기관의 가공할 모습이 자주 나온다. 하지만 더 이상 영화적 설정이 아니다. 오히려 그런 영화들이 정보기관들의 실제 능력을 다 보여 주지 못한 것일 수도 있다.

언제 어디서나 빅 브라더

영국의 작가 조지 오웰은 미래의 디스토피아를 그린 소설 『1984』에서 모든 국민을 속속들이 감시하는 가상의 국가 '오세아니아'의 독재자인 '빅 브라더'를 창조했다. 이후 빅 브라더는 시민의 사생활이 보장되지 않을 정도로 강력해진 국가의 감시망을 상징하는 말이 되었다. 오세아니아에서는 어딜 가나 저 빅 브라더의 얼굴을 만나게 되는데, 어느 방향에 있더라도 빅 브라더의 얼굴이 정면에서 보이도록 되어 있어 그 눈초리를 벗어날 수 없다. 다만 한 가지 확실한 것은 이런 나라에서 범죄는 거의 일어나기 어렵다는 것이다. 설사 일어난다 하더라도 이미 어디론가 끌려가 그 사실을 알 수 없겠지만.

그런데 여기서 우리는 모순된 두 욕구의 충돌을 볼 수 있다. 우리는 범죄로부터 안전하기를 바란다. 지금까지의 치안은 일단

범죄를 저지르면 반드시 체포되며 엄한 벌을 받는다는 것을 널리 확인시키는 방식으로 이루어졌다. 이는 '범죄가 발생하기 전에, 범죄를 저지를 가능성이 큰 사람들을 미리 식별해서 예방할 수 있다면 더 안전하지 않을까?' 하는 생각으로 이어졌다. 하지만 누가 범죄를 저지를 가능성이 큰지, 언제 어디서 범죄가 일어날 위험이 있는지 미리 식별하려면 치안 당국의 아주 세밀하고 상세한 감시가 필요하다. 즉 그만큼 우리 사생활의 자유는 축소된다.

더구나 정보통신기술이 발달하고 3세대 인공지능까지 활용되고 있는 세상에서 치안에 대한 요구로 자유를 양보해야 한다면,

그 양보는 적당한 수준에서 그치지 않을 것이다.

정보화와 전면적 감시사회

정부가 누군가의 종이 편지를 검열하려면 그 편지 자체를 입수해야 한다. 그 누군가가 우편으로 부치지 않고 자기들 나름의 전달 방식으로 직접 보낸다면, 중간에 편지를 빼앗기 전에는 들여다볼 방법이 없다. 그래서 일제강점기를 배경으로 하는 영화에서는 독립운동가가 일본 헌병에게 붙잡히면 중요한 편지나 문서를 꿀꺽 삼켜 버리는 장면들이 나오곤 한다.

하지만 정보화 이후 사람들은 종이 편지가 아니라 전자우편(스마트폰 메신저 포함)으로 소식을 주고받는다. 그리고 이런 전자우편은 종이 편지보다 검열하기 훨씬 쉽다. 전자우편에서는 편지가 아니라 접속, 열람권이 이동하기 때문이다. 편지 내용 자체는 전자우편 서버 안에 그대로 있다. 김남준이라는 사람이 박지민이라는 사람에게 전자우편을 보내면, 그 편지는 김남준의 컴퓨터도, 박지민의 컴퓨터도 아닌 전자우편 서비스 회사 서버에 있는 것이다.

그렇다면 정당한 권한이든, 해킹이든 간에 이 서버 컴퓨터를 통제할 수 있는 사람이 다른 수많은 사람이 주고받은 편지들을 심지어 주제별로 분류까지 해 가면서 열람할 수 있다. 또 삭제할 수도, 내용을 슬쩍 고칠 수도, 가짜 답장을 써 보낼 수도 있다. 일일이 볼 것 없이 인공지능이 특정한 사람, 특정한 유형의 편지만 검색해서 해당 내용을 삭제하거나 변경할 수도 있다. 다른 사람이 열람하거나 복사해서 가져가더라도 전자우편의 원본에는 아무 변화가 없다. 그러니 당사자들은 자기 전자우편이 감시당했는지, 누출되었는지 알 수 없다.

전화도 마찬가지다. 옛날에는 누군가를 감시하려면 전화기나 전화기 근처에 도청 장치를 설치해야 했다. 당연히 발각될 위험도 컸다. 그러나 스마트폰은 음성을 디지털 신호로 바꿔 전송하기 때문에 네트워크를 통해 프로그램 하나만 몰래 흘려 넣으면 모든 통화 내용, 혹은 특정 사용자 사이의 통화 내용을 음원 파일로 추출해 낼 수 있다.

디지털 기술, 인공지능 기술을 이용한 전면적 감시사회 구축에서는 중국이 단연 선두다. 중국에는 무려 2억 대가 넘는 감시 카메라가 설치되어 있다. 2억 대의 카메라가 매일 얼마나 많은 사람들의 모습을 찍어 수집하고 분석하는지 상상만 해도 끔찍하다. 이 영상들은 딥러닝을 통해 패턴을 찾는다. 즉 14억 인민 하나하나의 행동 특성을 유형화할 수 있는 것이다.

전 국민 감시에 대한 중국 공산당의 열망은 이 정도에 그치지 않았다. 2017년에는 휴대전화를 단번에 스캔하는 기술까지 개

발했다. 공안이 휴대하고 다니는 단말기 형태로 된 스캐너로 휴대
전화를 스캔하면 통화 내역, 주소록, 자료 검색 내역, 메시지 교환
내역, 그 안에 담긴 사진, 자료, 음악 등등에 대한 정보를 단번에
내려받을 수 있는 가공할 장치다. 정보화 기술이 발전하지 않았다
면 고문을 해서 짜내야 했을 정도의 정보를 단말기 한 대로 단숨
에 뽑아낼 수 있게 된 것이다.

중국 공안은 안면 인식 프로그램과 연결된 스마트 안경까지
개발했다. 이 안경을 쓰고 다니면 마주치는 사람의 얼굴을 빅데이
터에 조회할 수 있고, 그럼 그 얼굴에 해당되는 사람에 대한 정보
가 바로바로 안경 화면에 나타나는 것이다. 어떤 사람의 얼굴을
보고 그의 신원과 각종 정보를 검색하는 데 고작 3초 정도밖에 걸
리지 않는다고 한다. 만약 길에서 어떤 경찰과 마주쳤는데 그 경
찰이 나를 바라보고 있을 뿐 아니라 동시에 나와 관련된 정보도
같이 들여다보고 있다고 생각하면, 정말 소름 끼치지 않을 수 없
다. 영화 〈터미네이터〉의 한 장면이 그대로 현실화된 것이다.

전면적 보살핌 상품, 전면적 관리 통제 체제?

너무 겁먹지 말자. 적어도 자유민주주의 국가에서는 노골적으
로 빅 브라더 시스템을 내세우지는 않는다. 그런데 자유민주주의
국가에는 자유시장경제에서 활약하는 기업이 있고, 기업 역시 정
부와 마찬가지로 사람들에 대한 정보를 수집하려는 열망을 가지

고 있다. 다만 목적은 다르다. 정부의 목적은 권력에 도전하거나 비판적인 사람들을 색출하려는 것이지만, 기업의 목적은 상품에 대한 구매 의사가 있는 사람들을 찾고, 또 사람들이 장차 원하는 상품이 무엇인지 미리 파악하는 것이다.

게다가 자유민주주의 국가에도 중국 같은 나라 못지않게 수많은 감시 카메라가 설치되어 있다. 그중 상당수는 기업, 즉 보안 서비스 업체가 설치한 것들이다. 카메라 성능도 점점 발달해서 화질은 좋아지고 크기는 작아진다. 초소형화된 보안 카메라들은 어디에 설치되었는지 찾기 어렵고, 개인이 구입해도 부담이 없을 정도로 싸며, 무선통신 기능까지 있다.

보안 경비 업체들은 합법적으로 감시 카메라를 설치할 수 있고, 이 카메라가 촬영하는 영상을 수집하고 저장할 수 있다. 만약 이 카메라들이 서버에 영상을 전송하는 정도로 그치지 않고 서버, 치안 데이터베이스, 그리고 카메라들끼리 서로 정보를 주고받는 사물인터넷망에 연결되고 인공지능이 이걸로 딥러닝을 한다면? 이 정보들이 상품화되어 거래된다면 어떻게 될까?

그런데 우연인지 몰라도 보안 감시 업체들의 운영 주체는 대부분 굴지의 정보통신기업이다. 우리나라 최대의 보안 감시 업체인 C 사는 우리나라 최대 정보통신기업인 S 전자에서 소유하고 있고, 그와 맞먹는 큰 보안 감시 업체인 A 사는 거대 정보통신기업인 S 통신, 세 번째로 큰 보안 감시 업체 T 사 역시 거대 정보통신

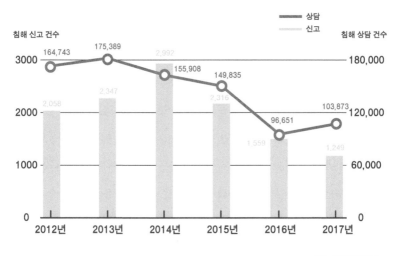

〈개인정보 침해 신고 상담 건수〉

━━ 상담
━━ 신고

침해 신고 건수

침해 상담 건수

- 2012년: 164,743 / 2,058
- 2013년: 175,389 / 2,347
- 2014년: 2,992 / 155,908
- 2015년: 149,835 / 2,316
- 2016년: 96,651 / 1,559
- 2017년: 103,873 / 1,249

＊출처 : 한국인터넷진흥원

개인정보보호법 제39조에서는 기업이 개인정보를 활용하고자 할 때 정보 제공자들에게 사전 동의를 받도록 하고 있다. 일부 기업에서는 이 조항이 데이터 경제의 장애물이 된다고 주장해 개인정보 보호의 범위에 논란이 계속되고 있다.

기업인 K 통신 소유다.

물론 정보통신기업들은 이런 시스템을 두고 광범위한 감시망, 정보 수집망이라고 말하지는 않는다. 그들은 '토탈 케어 서비스'를 제공한다고 표현한다. 그런데 기업이 고객들에게 특정한 서비스가 아니라 '토탈 케어'를 제공한다는 것은, 고객에 대한 '토탈 정보'를 확보할 수 있다는 뜻이며, 토탈 케어는 언제든지 '토탈 컨트롤'로 바뀔 수도 있는 법이다. 원래 케어와 컨트롤의 차이는 백지

한 장 아닌가? 역사적으로도 백성을 알뜰살뜰 살피던 군주가 살짝 돌아서면 폭군이 되는 경우가 자주 있었다.

삶을 지배하는 거대 기업

정보통신기업을 중심으로 삶의 모든 영역이 집중되는 현상은 우리나라뿐 아니라 세계적인 현상이다. 특히 일본의 최대 규모 통신사인 소프트뱅크가 적극적이다. 소프트뱅크는 반도체 설계 회사인 ARM, 인공위성 통신 회사인 원웹, 차량 공유 서비스 업체인 우버, 자율주행 시스템 개발사인 나우토, 로봇 제작 회사인 보스턴 다이나믹스 등을 인수했다. 그뿐 아니라 세계 최대의 인터넷 판매 업체 중 하나인 알리바바의 대주주이기도 하며, 세계 최대 자동차 제조사인 토요타와 제휴 관계를 맺었다. 소프트뱅크가 인수하거나 투자한 기업의 면면을 보면 통신망을 확보한 기업이 그 망을 플랫폼 삼아 세상을 그들이 통제할 수 있는 사물인터넷망으로 만들고자 하는 의지가 읽힌다.

정보통신 최강자 구글은 더 말할 나위가 없다. 세계 검색 포털 시장을 장악하고 있는 구글은 수십억 명의 인터넷 검색 내역, 즉 발자국을 수집하고 있다. 그 속에서 사람들 각각의 취향과 선호를 식별한다. 더 무서운 것은 이 분류 과정에 사람은 전혀 개입하지 않는다는 것이다. 이 모든 일이 인공지능을 통해 자동으로 일어난다. 게다가 구글이 소유하고 있는 인공위성들의 범위는 지구 전체를 덮고 있다.

빅 브라더 기업은 비판적, 저항적 생각이나 행동 외에는 관심이 없는 빅 브라더 정부보다 훨씬 더 많은 것을 알아내려 할 것이다. 빅 브라더 기업이 우리 삶 구석구석에서 취향과 선호를 알아낸 결과 인터넷 쇼핑몰 초기 화면에는 우리 각자의 구매 욕구를 강하게 부추기는 상품들이 배치되고, SNS에서는 사지 않으면 안될 것 같은 느낌을 주는 광고가 수시로 나타날 것이다. 물론 우리는 이 모든 과정에서 자유 의지로 소비하고 있다고 생각하겠지만, 실제로는 빅 브라더에게 공짜로 제공한 정보를 바탕으로 빅 브라더가 사라고 하는 상품을 덥석덥석 사 주는 것이다.

미래에
대처하는
우리들의
자세

인공지능 감시하기

사실 조지 오웰의 『1984』에 나오는 빅 브라더가 사람인지 가공의 존재인지는 확인되지 않았다. 하지만 그 소설에는 빅 브라더를 내세우고 실제 감시를 행하는 여러 공무원들이 있었다.

그런데 4차 산업혁명 시대의 빅 브라더는 실제 사람이 아니다. 지금의, 그리고 앞으로의 빅 브라더는 감시하고 통제할 목적이 없고, 자기들이 수집하는 정보의 의미가 무엇인지도 모르지만 어쨌든 그 막대한 정보를 수집하고 가공하는 인공지능이다. 인공지능은 다만 수집하고 분석한다.

그러니 사람이 어떻게 쓰느냐에 따라 빅 브라더가 우리를 지배하는 압제자가 될 수도 있고, 문자 그대로 다정한 '큰 형님'이 될 수도 있다. 인공지능은 쓰는 사람의 의도에 따라 벗이 될 수도 있고 악마가 될 수도 있는 것이다.

인공지능은 사람의 감정이나 말의 의미를 이해하지 못한다. 따라서 인공지능에게 백날 말해 봐야 소용없다. 이 인공지능으로 수집, 분석된 정보를 남용하는 것은 결국 사람 그리고 그 사람이 모인 기관이다. 따라서 이 사람과 기관을 감시해야 한다. 하지만 사람이나 기관이 수집된 정보를 남용한다고 해서 집단적으로 몰려가 폭행할 수도 없는 일이다. 결국 이 일은 개인정보의 수집과 분석의 범위, 그렇게 수집된 개인정보의 활용 방향과 범위를 엄격하게 규정하는 법을 만드는 방식으로 진행되어야 한다. 수집된 개인정보를 남용하는 기관을 제대로 통제하지 못하는 정부에게 다음 선거 승리는 어림도 없다는 경고를 분명히 보여 주어야 한다. 중국과 같은 독재국가에서는 소용없는 일이다. 하지만 민주주의 국가에서는 충분히 가능하다.

독재국가에서만 개인정보를 남용하는 것이 아니다. 민주국가에서는 선거를 통해 권력 기관을 철저히 감시하고 정보통신기업이 개인의 권리를 침해하지 못하도록 할 제도와 법이 필요하다.

개인정보의 경제화

인공지능 시대의 편리함은 이루 말할 수 없다. 그런데 이건 공짜가 아니다. 우리가 끊임없이 우리 자신에 대한 정보를 사물인터넷망에 제공하지 않는다면, 인공지능은 우리가 원하는 것이 무엇인지 미리미리 알아서 대처할 수 없을 것이다. 그러니 이 편리함을 누리려면 어느 정도의 정보 제공과 '감시'를 받아들여야 한다.

하지만 정도라는 것이 있다. 만약 누리는 편리함에 비해 내어놓는 정보가 과도하다면? 그리고 내어놓은 정보를 우리에게 편리함을 제공하는 목적 이외의 다른 방식으로 활용한다면? 가령 통신사에서 수집한 정보를 동의 없이 홈쇼핑 회사에 제공하고 그 대가로 돈을 받거나 한다면?

여기에서 발상을 한번 전환해 볼 수 있다. 이걸 마냥 막을 일이 아니다. 어차피 개인정보가 풀려야 누릴 수 있는 편리함이 있는 세상이다. 그러니 무턱대고 감춰 둘 것이 아니라 차라리 제값 받고 판매하는 것은 어떨까?

실제로 우리가 어떤 인터넷 서비스를 이용하려 할 때 개인정보 활용에 동의를 해야 하고, 동의하지 않으면 서비스 가입이 안 되도록 되어 있다. 그런데 제공하는 개인정보가 얼마나 그 서비스에 필수적인지 가늠이 안 된다. 물론 어떤 서비스는 필수 제공과 선택 제공을 표시하게 되어 있다. 그러나 선택 제공을 체크한다고 해서 사용자에게 주어지는 혜택은 없다.

만약 기업이나 기관이 개인정보를 제공한 서비스 사용자에게 일정한 대가를 지불하도록 한다면 어떨까? 그리고 정보 제공 동의 계약 내용에 수집 업체가 이 정보를 통해 금전적인 이익을 얻을 경우 정보 제공자에게 소정의 배당을 지급하도록 하면 어떨까? 이미 블록체인 기술을 통해 어떤 정보가 이전되었을 때 그 정보가 어떻게 사용되었는지 그 이력을 투명하게 확인할 수 있다. 만약 어떤 웹사이트에서 정보 제공에 동의했다면, 이후 그 내용이 활용된 이력을 제공자가 받아 보게 하고, 이익의 일부를 청구할 수 있도록 하자. 더 나아가 P2P 스마트 계약을 활용해, 각 제공자와 수집자 사이에 이익 분배 비율을 계약으로 정하도록 하자. 그러면 기업이나 기관에서는 굳이 수집할 필요 없거나 주인에게 많은 비용을 지불해야 하는 정보는 수집하지 않을 것이다.

사이버 흔적 청소업

사물인터넷으로 연결된 인공지능 시대에서는 일상을 살아가면서도 네트워크에 무수히 많은 정보를 남기고, 이것들이 즉시 분류 및 가공되어 곳곳에 제공된다. 그렇다고 동굴에서 고립되어 살지 않는 한 내가 남긴 정보 흔적에 일일이 신경 쓰기도 어렵다. 물리적인 쓰레기도 청소가 필요하듯, 네트워크의 전자적인 정보 흔적도 청소가 필요하다.

그렇다면 이걸 창업 아이템으로 삼아 보는 것은 어떨까? 이미 건물이나 사무실, 혹은 바쁜 맞벌이 부부를 위한 주택 청소 업체가 여럿 세워져 있다. 청소는 의외로 세밀한 관심이 필요한 분야라 인공지능으로 대체하기가 어려운 면이 있다. 하물며 일반인이 도저히 감당할 수 없는 기술적·법률적 전문성이 필요한 사이버 흔적 청소라면 더더욱 섬세한 절차와 과정이 필요할 것이다.

사이버 폭력 사건의 경우라면 단지 퍼져 있는 정보를 지우는 일에 그치는 것이 아니라 그 비용이 피해자에게 전가되지 않도록 하고, 지우는 과정에서 피해자 마음의 상처까지 고려해야 한다. 이런 일은 인공지능에게 맡겨서 될 일이 아니며, 여러 분야 전문가의 창조적인 융합이 필요한 일이다.

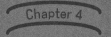

Chapter 4

노인을 위한 나라는 없을까?

노년의 위기

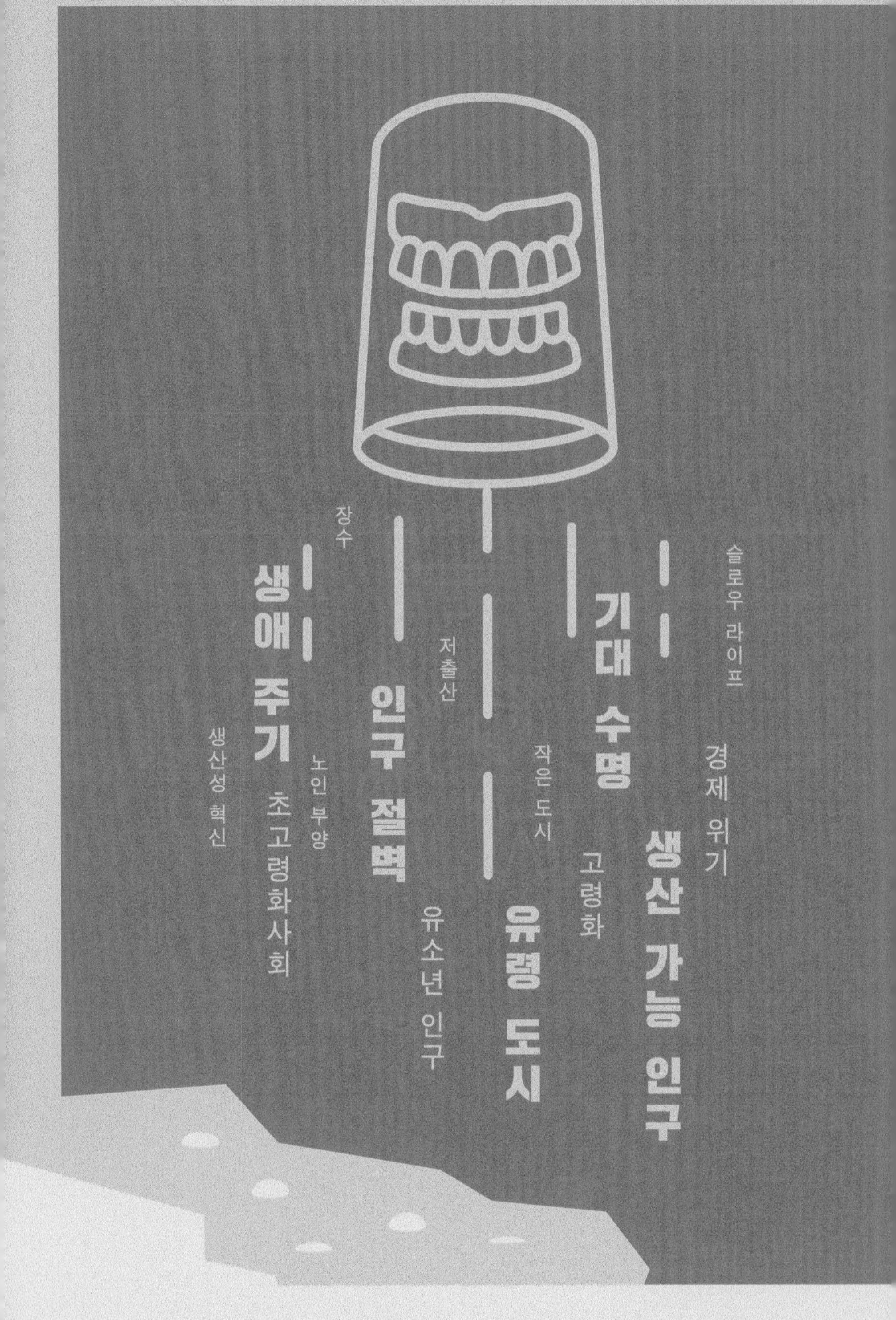
슬로우 라이프
경제 위기
생산 가능 인구
기대 수명
고령화
작은 도시
유령 도시
저출산
유소년 인구
인구 절벽
장수
노인 부양
생애 주기
초고령화사회
생산성 혁신

인구 절벽

생산 가능 인구(15~64세)의 비율이 급격하게 줄어드는 현상. 인구 절벽 현상으로 가장 소비를 많이 하는 40대 중후반 인구가 줄어들면서 경제활동이 위축돼 심각한 경제 위기가 발생할 수 있다.

고령화

노인(65세 이상)이 전체 인구의 7% 이상이면 고령화사회, 14% 이상이면 고령사회, 20% 이상이면 초고령사회라고 한다. 우리나라는 2017년부터 14%를 넘어 이미 고령사회에 진입했다.

저출산 정책

아이를 적게 낳는 현상을 해결하고자 출산율을 높이기 위해 마련한 정책. 가사노동과 육아가 여성의 역할로만 강조되어 온 사회에서 이에 대한 부담을 어떻게 나눌 것인지를 고민하고 해결책을 찾는 것이 주요 이슈가 되었다.

유령 도시

거주 인구가 없어져 텅 빈 도시. 원래는 광산 도시나 군사 도시 따위에서 폐광이나 철수로 도시가 비는 현상을 가리켰다. 2005년 이후 수도권에 밀집한 공공기관을 다른 지역으로 분산시켜 지방의 도시를 키우려는 혁신도시 정책이 시행되었지만, 각종 기관에서 일하는 직원들은 여전히 수도권에 거주하며 주말이면 집으로 돌아가 유령 도시 현상이 계속되고 있다.

기대 수명

0세의 출생자가 향후 생존할 것으로 기대되는 평균 생존 연수. 평균 수명 또는 0세의 기대 여명이라고도 한다. 사람들이 평균적으로 얼마나 오래 살 것인지를 나타내며 연령별 사망률 통계로 산출한다. 한국의 기대 수명은 1970년 62.3세에서 2017년 82.7세로 약 20년 늘어났다.

젊은 나라, 나이 든 나라

통계청 발표에 따르면 2017년에 마침내 우리나라의 65세 이상 고령 인구가 14
세 이하 유소년 인구보다 많아졌다. 이 그랜드 크로스는 2010년 당시에 예상했
던 2020년보다 3년 빨리 왔다. 고령 인구가 늘면서 생산 가능 인구도 줄어들고
있으며 소비 지출 또한 감소했다.

생산성 혁신은 인구 감소에서 비롯되는
여러 가지 두려운 미래를 예방하기 위한 가장 중요한 열쇠야.
그런데 '더 잘 살기 위해서'가 아니라 '살아남기 위해서'
혁신이 필요하다는 게 현실이지.

장수 만세!

1980년대에는 〈장수 만세〉라는 TV 프로그램이 있었다. 조부모, 부모, 자녀 3대가 나와서 가족애를 과시하고 노래도 부르던 프로그램이었다. 이때만 해도 노년 세대가 사회에 자리 잡은 자녀와 장성한 손자, 손녀를 보는 것은 큰 복이었다. 그때까지 살아남는 것도 쉬운 일이 아니었다. 유한한 수명을 가진, 그리고 자신의 죽음을 의식하고 있는 유일한 존재인 인간에게 죽음의 시간을 뒤로 늦추고 싶어 하는 열망은 장소와 시대를 가리지 않았다.

그런데 문제는 오래 살기만 해서 될 일은 아니라는 것이다. 죽음도 죽음이지만 죽음에 이르는 과정에서 거쳐야 할 노화가 더 큰 문제다. 죽음에 대한 두려움은 종교나 수행을 통해 극복할 수 있지만 '늙음'은 극복할 수 없다. 그저 견디고 지나가는 수밖에.

> "이고 진 저 늙은이 짐 벗어 나를 주오…. 늙기도 설워라커
> 늘 짐조차 지시다니"

국어 교과서에 단골로 나오는 정철의 시조다. 늙음을 '서럽다'고 말했다는 점에 유의하자. 죽음보다도 더 두려운 게 늙음이다. 죽음에 대한 두려움은 극복할 수 있지만, 늙음은 어쩔 도리가 없다. 몸과 마음이 쇠퇴하고, 병들고, 무력해지는 과정을 서치고 나서야 죽는다면 차라리 그 시간을 생략하고 먼저 죽기 바랄 정도다. 늙는 것은 서럽고 고통스럽다.

그런데 이 시조의 늙은이 나이는 얼마나 될까? 60? 70? 실제 나이는 본인이나 시조를 쓴 정철이 알겠지만 50대 정도일 가능성이 제일 크다. '50대가 노인이라고?' 하는 의구심이 생길 것이다. 오늘날에는 누구도 50대를 노인이라 하지 않는다. 50대는 물론이려니와 60대도 노인이라고 부르기 민망하다. 하지만 조선 시대에 50대는 당연히 노인이었다.

조선 시대 임금들의 평균 수명도 40대에 불과했다. 그나마 강인한 무장 출신의 태조(74세), 두드러지게 장수한 영조(83세)를 제외하면 더 내려간다. 드라마에서는 백발이 성성한 늙은 임금으로 나오는 선조(59세), 숙종(60세)도 그리 오래 살지 않았다. 일반 백

성들은 훨씬 더 빨리 죽었을 것이다. 서양도 다르지 않다. 헤밍웨이의 대표작 『노인과 바다』의 주인공인 '노인'도 생각보다 젊다. 실제 헤밍웨이가 이 작품의 모델로 삼은 어부의 나이로 추측하면 55세 정도다.

이렇게 20세기 중반까지도 인생이란 50세까지 부지런히 일하며 살고 50세가 넘으면서 늙어가는 것을 느끼다가 60대에 세상을 떠나는 게 익숙한 흐름이었다. 그래서 60번째 생일을 환갑, 회갑이라 부르며 특별히 축하했다. 이제 하늘이 내려 준 수명을 다 살았으니 여한이 없다는 뜻이다. 주어진 삶을 다 살아 내고 죽음을

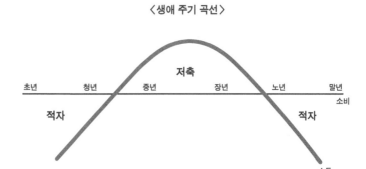

〈생애 주기 곡선〉

기다리는 잠깐의 시간. 힘든 인생을 버텨 낸 뒤 휴식을 취하는 길어 봐야 10여 년의 시간이 바로 노년기였다.

인생 설계도 대체로 여기에 맞춰져 있었다. 시대와 장소를 막론하고 대부분의 생애 주기는 유년기, 청소년기까지는 생업에 종사할 준비를 하고, 장년기에는 생업에 종사하면서 생산을 하고, 노년기에는 일에서 물러나 삶을 정리하는 식으로 이루어진다. 이 중 장년기가 전체 생애에서 차지하는 비중이 가장 커야 한다. 장년기에 벌어들인 소득으로 유년기, 청소년기의 자녀를 보살피고, 다가올 자신의 노년기에 대비해야 하기 때문이다. 적어도 장년기 : 유청소년기+노년기 비율이 1:1은 되어야 안정적인 인생 설계가 가능할 것이다.

이 생애 주기와 각 생애 단계별 소득과 지출의 관계를 위와 같이 그래프로 그려 볼 수 있다. 유년기, 청소년기, 노년기는 소득이 적거나 거의 없기 때문에 적자를 보는 시기다. 따라서 장년기에 번 돈으로 유년기, 청소년기 자녀 때문에 발생할 적자와 다가올 자기 노년기의 적자를 미리 채워 놓아야 한다.

1970년대에 장년기를 보낸 세대까지는 이 생애 주기 곡선이 얼추 들어맞았다. 이들이 청년 시기일 때는 4년제 대학 졸업생이 전체 청년의 1/3이 되지 않았고 실업률은 낮았다. 따라서 대부분 20대 초반 내지 중반이면 일자리를 얻었으며, 그 일자리는 안정적이라 30~35년 정도 지속적인 소득을 기대할 수 있었다. 그렇게 일을 하고 나서 50대 후반에 은퇴하면 15년 정도를 살다 70대에 세상을 떠났다. 은퇴 후 15년과 자녀를 양육하는 20년을 합치면 생산 활동 시기인 30~35년과 대체로 맞아떨어졌다.

장수의 저주

그런데 노년기가 점점 길어지고 있다. 이제 우리나라의 평균 기대 수명은 거의 90세에 육박한다. 1970년대와 비교하면 15년 ~20년 늘어났다. 은퇴 연령을 뒤로 늦추면 되지 않겠느냐 생각할 수 있지만, 문제가 그렇게 간단하지 않다.

소득에서 각종 세금과 공제를 뺀, 각 개인이 사용할 수 있는 가처분소득은 60대를 경계로 급격하게 낮아진다. 취업 가능성도 없고 연금에만 의존해야 한다. 이렇게 소득이 낮아진 상태로 살아야 하는 기간이 10년 이상 늘어난 것이다.

정년퇴직을 70세로 늦추는 등 노년기 가처분소득을 높이면 좋겠지만 현실은 정반대다. 은퇴 연령은 오히려 더 빨라지고 있다. 비정상적으로 높은 우리나라의 자영업자 비율은 조기 퇴직한 직장인들이 어쩔 수 없이 자영업으로 내몰린 결과다. 반면 연금 수령 시기는 오히려 점점 늦어지고 있다. 현재 65세인 국민연금 수령 연령을 70세로 늦추어야 한다는 압력이 높아지고 있다. 20년만 재직하면 퇴직 즉시 연금을 수령할 수 있었던 공무원도 65세까지 기다려야 연금을 받을 수 있게 되었다.

엎친 데 덮친 격으로 처음 일자리를 잡는 입직 시기는 오히려 늦춰지고 있다. 직장에서 요구하는 학력 수준이나 스펙이 높아지고, 취업 경쟁이 치열해진 탓이다. 1980년대에는 30세가 넘으면 아예 입사 원서도 안 받아 주었지만, 2018년에는 30세 취업도 그렇게 늦은 나이가 아니다.

이제 계산을 해 보자. 운이 좋아 28세에 취업을 했다 치자. 그리고 역시 운이 좋아 58세에 은퇴한다 치자(정말 아주 운이 좋은 경우다). 30년을 일했다. 그런데 그 뒤로 30년의 노년기가 기다리고 있다. 30년 일해서 30년 혹은 그 이상의 노년기에 대비해야 한다. 게다가 예전 같으면 스물 다섯이면 경제적으로 독립했어야 할 자녀가 서른이 다 되도록 부모에게 의존한다. 그러니 30년 일하며 모은 돈으로 자신의 노후 30년, 자녀의 양육 30년을 모두 감당해야 한다.

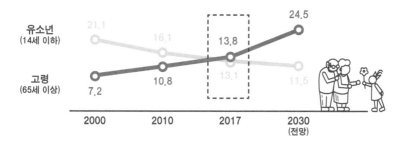

〈고령·유소년 인구 비율〉

유소년
(14세 이하)

고령
(65세 이상)

유소년: 21.1 → 16.1 → 13.8 → 11.5

고령: 7.2 → 10.8 → 13.1 → 24.5

2000   2010   2017   2030
(전망)

＊단위 : %
＊출처 : 통계청 2017 한국의 사회지표

우리나라의 유소년 인구는 점점 줄어들고 노년 인구는 점점 늘어나다가 2017년에 마침내 노년 인구가 유소년 인구를 추월했다.

여기에 또 빠진 게 있다. 바로 자신의 부모다. 1970~80년대라면 58세에 은퇴할 경우 부모님이 이미 돌아가셨거나 얼마 지나지 않아 돌아가셨다. 하지만 요즘이라면 부모님이 모두 살아 계실 가능성이 크다. 은퇴한 노인이 자기보다 훨씬 더 연로한 은퇴한 노인을 보살피고, 또 아직 자립하지 못한 자녀도 챙겨야 한다.

더 큰 문제가 있다. 세대가 갈수록 상황이 점점 더, 그것도 기하급수적으로 나빠질 것이라는 점이다. 기대 수명이 길어지면서 노인 인구는 점점 늘어나는데, 새로 출생하는 인구는 급감하고 있다. 우리나라의 경우 1960년대에는 한 해에 90만 명의 신생아가 태어났다. 그리고 그들이 혼인해 자녀를 출산할 무렵인 1990년

~2000년대에는 한 해 평균 70만 명의 신생아가 태어났다. 그런데 2017년부터는 한 해 평균 40만 명 미만의 신생아가 태어나고 있다. 2017년에 태어난 40만 명의 아기들이 30세가 된 2047년을 상상해 보자. 이들에게는 부양해야 할 부모 세대가 70만 명, 그리고 이때까지도 생존해 있을 조부모 세대 약 50만 명 등 자기들 숫자의 세 배나 되는 노인을 부양해야 한다.

이제 누구도 장수를 축복이라고 부르지 않는다. 당연히 〈장수 만세〉라는 프로그램도 폐지되었고, 노인들도 구태여 장수를 바라지 않는다. 그렇다고 고려장을 할 수도 없다. 이런 상황에서 절망하는 노인들은 우울증에 쉽게 빠져든다. 실제로 우리나라를 세계 최대의 '자살 대국'으로 만든 원인은 청소년 자살이 아니라 노인 자살이다. 노인은 점점 많아지고, 그 연령은 높아지며, 그 노인의 절반은 빈곤선 이하의 삶을 살아가고 있다. 앞으로도 개선될 가망이 보이지 않는다.

젊은 세대가 짊어져야 할 무거운 짐

이미 노인이 되어 버린 자식에게 혹은 취업 전쟁을 치르고 있는 손자에게 맡겨서 해결하기 어려운 일이다. 사실상 가족이 아

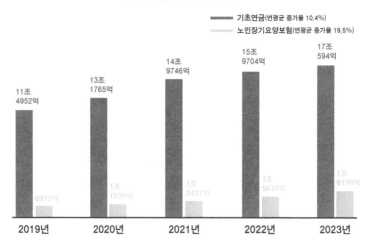

〈노인 부문 의무 지출 전망〉

■ 기초연금(연평균 증가율 10.4%)
□ 노인장기요양보험(연평균 증가율 19.5%)

11조
4952억 (2019년) 8912억

13조
1765억 (2020년) 1조 1539억

14조
9746억 (2021년) 1조 3431억

15조
9704억 (2022년) 1조 5634억

17조
594억 (2023년) 1조 8198억

2019년   2020년   2021년   2022년   2023년

※ 출처 : 기획재정부 2019~2023 국가재정운용계획

고령화 속도가 빨라지면서 노인 기초연금과 장기요양보험 운영 지원 등 복지 분야 의무 지출의 총 규모도 급상승할 것으로 보인다.

나라 아주 다른 사람이 되어 버린 치매 환자처럼 중증 질환을 앓고 있어 특별한 돌봄이 필요한 노인을 가족에게만 맡겨 두는 것은 고통을 확대 재생산하는 것에 불과하다. 이 문제를 해결할 수 있는 주체는 국가뿐이다.

문제는 돈이다. 국가가 노인 부양을 책임지려면 어디선가 세수를 확보해야 한다. 당연히 그 세수는 부지런히 일하고 생산하는 세대가 부담한다. 하지만 노인은 점점 늘어나고 세수를 감당할 생산 가능 인구는 점점 줄어들고 있다. 직접 노인을 부양하나, 노인 부양을 위해 세금을 납부하나 부담이 크기는 마찬가지다. 게다가 이 세대는 자녀도 부양해야 한다. 한국보건사회연구원에 따르면 자녀 한 명을 대학 졸업시키기까지 부모가 지불해야 할 양육비는 4억 원에 육박한다. 이렇게 커지는 경제적 압박으로 인해 사람들은 더 적은 자녀를 출산할 것이며, 자기 부모 세대보다 더 오래 살 것이다. 이런 식으로 악순환이 점점 확대 재생산된다.

노인(65세 이상)이 전체 인구의 7% 이상이면 고령화사회, 14% 이상이면 고령사회, 20% 이상이면 초고령사회라고 한다. 우리나라는 이미 고령사회이며 2025년쯤에는 초고령사회로 진입할 것으로 예상된다. 감이 안 잡히면 지하철 좌석으로 비유할 수 있다. 지하철의 노약자 우대석은 전체 좌석의 11%다. 그러니 이 노인 중 일부는 노약자 우대석을 이용할 수 없다는 뜻이다. 중국도 2017년을 계기로 7%를 넘어 고령화사회에 진입했고, 빠르게 고령사회를 향해 가고 있다. 가장 심각한 나라는 일본이다. 일본은 이미 고령 인구가 23%를 훌쩍 넘는 초고령사회다. 전체 가족 숫자는 그대로인데 돈 벌어 올 사람은 줄어들고, 이렇게 줄어드는 생산 가능 인구가 나머지 인구를 부양할 뿐 아니라 정부와 지방자치단체를 유지하고 운영하는 경비도 만들어 내야 한다.

도시가 사라진다

미래를 배경으로 하는 공상과학영화에서 인류가 멸망했음을 보여 줄 때 텅 빈 도시 장면은 빠지지 않는다. 주인 없는 자동차들이 서 있는 도로, 바람에 흩날리는 쓰레기, 텅 비고 유리창이 깨진 빌딩들.

그런데 이런 장면이 가까운 미래에 닥칠 수 있는 현실이 되었다. 일본의 경영 컨설팅 회사인 노무라연구소의 예측에 따르면 2030년이면 일본의 빈집 비율이 30%를 넘어갈 것이라고 한다. 세 집 건너 한 집마다 사람이 살고 있지 않은 마을을 상상해 보라. 을씨년스럽기 짝이 없는 풍경이다. 얼마 남지 않은 미래의 모습인 것이다.

그렇다고 도쿄나 오사카의 집값이 떨어지는 건 아니다. 이건 지방 중소 도시의 현상이다. 저출산으로 인해 생산 가능 인구가 줄어들면, 기업들이 타격을 받는다. 생산 가능 인구는 가장 활발하게 돈을 쓰는 소비 인구이기도 하기 때문이다. 시장이 작은 중소 도시의 기업부터 견디지 못하고 문을 닫는다. 거기서 일하던 젊은이들 역시 일자리를 찾아 대도시로 떠나간다. 그럼 기업들이 또 문을 닫고, 젊은이는 또 떠나간다. 이런 악순환이 계속되면서 도시는 소멸의 길을 향해 간다.

대도시는 오히려 지방 중소 도시에서 몰려든 생산 가능 인구들로 인해 더 혼잡해지며, 일자리 경쟁은 더 치열해진다. 반면 지방 중소 도시는 도시 자체의 소멸을 걱정해야 할 지경으로 내몰린다. 이렇게 도시의 양극화가 진행된다.

우리나라도 별로 사정이 다르지 않다. 2018년 한국고용정보원이 발간한 '한국의 지방소멸 2018' 보고서에 따르면 전국 228개 시군구 중 40%에 이르는 89곳이 가임기 여성(20-39세) 인구가 고령 인구의 절반 미만인 '소멸 위험 지역'이다. 우리나라의 합계출산율(가임기 여성이 낳을 것으로 기대되는 평균 출생아 수)은 2018년 기준 0.98명으로 세계 최저 수준이다. 인구가 급격히 줄어들 수밖에 없다.

반면 서울(1.09), 경기(1.18), 인천(1.15) 등 수도권과 세종(1.59), 울산(1.23), 대전(1.18), 광주(1.13) 등 주요 도시는 1을 넘었다. 전체적으로 인구가 줄어드는 가운데 그나마 남은 인구는 대도시로 몰려든다. 즉 더 혼잡해지는 것이다. 지방 도시는 소멸을 걱정하는데, 수도권에서는 점점 더 인구가 늘어나면서 "저출산이라면서? 뭐가?"라는 비명 소리가 들리는 것이다.

미래에
대처하는
우리들의
자세

생산성 혁신

지난 두 세기 동안 인류는 양적으로 늘어나는 경제에 익숙해져 왔다. 특히 생산요소인 노동, 자본, 토지는 두 세기 내내 끊임없이 늘어났고, 여기에 의존해 경제도 비약적으로 성장했다. 하지만 이제 생산 가능 인구가 오히려 줄어들기 시작한 시대다. 성장하는 세대보다 보살펴야 하는 노인 인구가 점점 더 많아지는 시대에 양적 투입 증가를 통한 경제성장은 더 이상 기대하기 어렵다.

그렇다면 양적 투입이 더 이상 늘어나지 않고, 심지어 더 줄어들더라도 생산은 그대로 유지하거나 오히려 늘어나도록 해야 한다. 같은 양, 혹은 더 적은 양의 요소를 투입해서 더 많은 생산을 해야 한다.

생산요소 투입 대비 생산량, 즉 생산성을 획기적으로 높이는 것이 점점 축소되어 가는 우리 미래를 지킬 수 있는 가장 중요한 열쇠다. 그렇다면 생산성을 어떻게 향상시킬 수 있을까? 생산 과정에서 비효율적인 요소들을 찾아 제거하거나, 생산 방법에 획기적인 기술과 아이디어가 적용되어야 한다. 즉, 합리성과 창조성이 필요하다. 이렇게 합리성과 창조성을 발휘해 더 적은 생산요소로 더 많은 생산을 이끌어 내는 생산성 혁신이 필요하다.

생산성 혁신은 인구 감소에서 비롯되는 여러 가지 두려운 미래를 예방하기 위한 가장 중요한 열쇠다. 생산 가능 인구가 줄어든다면 더 적은 생산 가능 인구가 더 많은, 적어도 전과 같은 수준의 생산을 할 수 있도록 만들어야 한다.

저출산 고령화는 이렇게 생산성 혁신의 위상도 바꾸어 놓았다. 그동안 '혁신'이라고 하면 흔히 더 많이 생산하기 위해, 더 잘 살기 위해 필요한 것으로 여겨져 왔다. 하지만 앞으로의 혁신은 살아남기 위해 필요한 것이 되었다.

적당한 게으름, 슬로우 라이프

혁신이라고 하니 말은 쉽다. 하지만 새로운 생각의 발상이, 그것도 생산 효율을 높이는 혁신이 그렇게 쉽게 일어나지는 않는다. 더구나 아무리 생산성 혁신이 일어나도 인구가 줄어들 수도 있는 시대에 고도성장은 어렵다.

그렇다면 지금부터 성장이 느린 시대의 삶에 적응하는 건 어떨까? 전력 질주하나 경치를 즐겨 가며 가볍게 조깅하나 목적지가 같다면, 그리고 빨리 도착한다고 해서 특별한 보상이 없다면 구태여 스트레스 받을 이유가 없지 않은가? 삶의 속도를 늦추면 평소에 보이지 않았던 것들이 보이고, 느끼지 못했던 것들이 느껴진다. 게다가 부수적인 효과도 있다. 이렇게 적당히 느린 게으름의 시간이 바로 창조성이 발휘되는 최적의 시간이기 때문이다.

역사적인 천재들은 대부분 워커홀릭이라기보다는 게으름뱅이였다. 뉴턴이나 모차르트처럼 쉬지 않고 작업했던 천재들은 그 대신 생활의 다른 영역에서 게을렀다. 특히 천재들은 다른 사람들이 보기에는 그저 '멍 때리고' 있는 경우가 많았다. 그런데 이런 시간이야말로 창조적 영감이 무르익는 시간이었던 것이다.

창조적 혁신을 원한다면 하던 일을 잠시 멈추고 멍 때리는 시간을 가져 보자. 서두른다고 더 빨리 되는 것도 아니고, 조바심을 낸다고 효율이 높아지는 것도 아니다.

작은 도시에 적응하기

인구 감소와 고령화로 소멸 단계에 들어선 도시가 다시 예전의 모습을 찾을 가능성은 거의 없다. 이런 도시들은 아주 작은 규모로 살아가는 쪽을 선택해야 한다. 그렇다고 대도시가 주는 편리함을 부정하고 전원생활로 돌아가자고 외치는 것은 적절한 해법이 아니다. 오히려 중소 도시에 살더라도 대도시의 편리함과 쾌적함 그리고 중소 도시의 여유로움을 함께 누릴 수 있는 방법을 찾아야 한다.

우선 작은 도시들은 더 이상의 성장을 기대할 수 없다는 사실을 받아들여야 한다. 즉 세금 수입이 지금보다 늘어나지 않거나 줄어든다는 것이다. 그렇다면, 가능하면 도시의 면적을 줄여야 하며 시민들 사이의 거리도 좁혀야 한다. 사람들이 드문드문 넓은 구역에 흩어져 산다면 이건 더 이상 도시가 아니다. 넓게 펼쳐진 도심을 압축적으로 줄이고, 거주자들이 떠나간 공간은 공원이나 녹지로 만들어서 남아 있는 적은 인구가 행복하게 살 수 있도록, 그리고 적은 세수로도 유지가 가능하도록 도시계획을 다시 해야 한다.

행복해지는 방법 연습하기

미국의 심리학자 카치오포와 동료들이 2008년 시카고의 쿡 카운티 주민들을 대상으로 '행복'을 주제로 3년간 실시한 연구가 있다. 이 연구 결과에 따르면 행복에 영향을 주는 것은 다음 세 가지였다고 한다.

1. 사회적 유대감

당연한 결과지만 사회적 유대감이 높을수록 행복하다. 그런데 이 연구 결과에서는 행복할수록 사회적 유대감도 높다고 나왔다. 즉 친밀한 관계가 많을수록 행복해지며, 행복감을 많이 느낄수록 다른 사람에게 긍정적인 피드백을 주어 인간관계가 더 좋아지는 선순환이 일어난다는 뜻이다. 꼭 무슨 큰 단체나 모임에 가입할 필요는 없다. 가족에 집착할 필요도 없다. 매 순간 마주치는 사람들에게 작은 친절을 베푸는 것에서부터 시작하자.

실제로 연구에 따르면 작은 친절을 베푼 다음 느껴지는 행복감, 기쁨인 '헬퍼스 하이'(Helper's High)를 즐길 수 있는 사람이 노후에 행복한 삶을 누릴 가능성이 크다고 한다. 고성장 시대, 인구 확장의 시대에는 경쟁이 미덕이었지만 저성장 시대, 인구 감소의 시대에는 친교가 미덕이다. 어차피 사람이 줄어든다는데, 그 가운데 경쟁하고 다투는 건 너무 아깝지 않은가?

2. 소득

사람들은 흔히 인생에서 소득에 가장 큰 비중을 둔다. 요즘 청소년들에게 장래 희망을 물으면 무작정 "돈 많이 버는 일"이라고 대답하는 경우가 많다. 하지만 쿡 카운티의 연구 결과에 따르면 소득이 행복에 주는 영향력은 생각보다 크지 않았다. 물론 어느 정도 영향을 주기는 했지만, 일정 수준을 넘어가면 별다른 영향을 주지 못하는 것으로 나타났다.

심지어 소득이 어떤 선을 넘어서면 오히려 외로움, 고립감이 늘어나면서 행복에 악영향을 주는 경우도 있었다. 그 선이 어느 정도인지는 사람마다 달랐다. 일단 기본적인 생계 유지가 가능한 수준의 소득은 공통이고, 그 선을 넘어선 다음부터는 각자의 가치관과 생활 방식에 달렸다. 가능하면 소득을 통한 행복감 증가에 의존하지 않는 생활 방식과 가치관을 찾는 것이 좋을 것이다.

물론 노년기에도 어느 정도의 소득은 필요하다. 특히 유럽이나 일본에 비해 연금의 소득 대체율이 낮은 우리나라에서는 길어진 노년기를 연금만으로 버티기 쉽지 않다. 평소에 큰 보람과 기쁨을 주된 보상으로 삼고, 곁들여 소소한 소득을 얻는 일로 행복하게 살아갈 준비를 하고 있어야 한다. 장년기에는 소득을 주요 목표로 하고 일을 해야 하지만, 노년기에는 그동안 하고 싶었던 일, 세상에 기여한다는 느낌을 주는 일을 중심으로 일자리를 찾아야 한다. 그런데 평소 그런 일에 관심이 많지 않으면 눈에 들어오지도 않고, 설사 일자리를 얻어도 소득의 소소함만 느껴질 뿐 보람과 행복을 누리기도 어렵다.

미국의 심리학자 브릭만과 동료들의 연구에 따르면 로또 당첨자의 행복감은 2년만 지나면 당첨 이전 수준으로 돌아간다고 한다. 로또 당첨금 정도의 거액도 2년의 행복에 불과하다면, 그보다 훨씬 소소한 돈은 더 말할 필요도 없을 것이다. 그런데 놀라운 사실은 교통사고로 사지가 마비된 환자들도 2년만 지나면 행복감이 사고 이전으로 돌아간다는 것이다. 인간은 이처럼 행복 회복력이 빠른 존재다.

참고로 소득이 행복에 미치는 효과보다 행복이 소득에 미치는 효과가 더 높은 것으로 나타났다. 돈을 벌어서 행복한 것이 아니라, 행복한 사람이 돈을 버는 것이다. 그러니 돈을 많이 벌려고 애쓰는 것보다는 평소에 행복감을 느끼는 훈련을 많이 하는 편이 훨씬 도움이 될 것이다.

3. 나이
사람들은 보통 젊음을 부러워한다. 나이를 먹으면 먹을수록 점점 행복과 멀어진다고 생각하기도 쉽다. 그런데 반드시 그런 것은 아니다. 앞에서 소개한 쿡 카운티 주민들의 경우는 나이가 많을수록 행복해지는 것으로 나타났다. 이는 노년층의 자살률이 전 연령층에서 제일 높고, 그 덕에 OECD 최고의 자살 대국이 되고 만 우리나라 현실과는 거리가 멀어 보인다. 하지만 우리나라 사람들과 쿡 카운티 사람들은 같은 DNA를 가진 호모사피엔스다. 쿡 카운티가 할 수 있으면 대한민국도 할 수 있다.

어차피 다가오는 고령화사회를 피할 방법은 없다. '100세 시대'는 인생에서 적어도 35%의 시기를 노인으로 보내야 한다는 뜻이다. 만약 은퇴 이후를 노년기로 본다면 40%까지도 늘어날 수 있다. 그렇다면 늘어나는 나이를 마냥 두려워하거나 애석해할 것이 아니라, 노년을 행복의 동력으로 삼는 연습을 해야 할 것이다.

결국 이 셋 중 가장 유력한 것은 사회적 유대를 강화하는 것이다. 소득과 나이는 내 마음대로 되는 것이 아니기 때문이다. 작은 친절과 봉사를 통해 기쁨과 행복감을 자주 경험하는 것에서 시작해 보자. 평소 무심히 지나쳤던 가족, 친구들에게 소소한 애정 표현을 하는 것에서부터 시작해 보자. 처음에만 어색하고 서먹서먹할 뿐, 금세 익숙해질 것이다. 그게 사람의 본성이니까. 많은 영장류들은 깨어 있는 시간의 10%를 서로의 털을 쓰다듬는 데 사용한다. 사람은 생각하는 동물이니 적어도 깨어 있는 시간의 10%를

서로의 마음을 쓰다듬는 데 사용해 보자. 행복의 길이 멀리 있지
않을 것이다.

영국의 시인 존 밀튼이 읊었듯이, "마음은 그 자체가 진리이니
거기서 지옥이 천국으로, 천국이 지옥으로 될 수 있으리."

Chapter 5

당신의 국적은 안녕하십니까?

정체성의 위기

인종

소수자

국적

민족주의

파시즘

이주민

개발도상국

다문화사회

민족국가

정체성

국가 주권

다민족국가

시민권

혐오 범죄

이주 노동자

소수자

소수자는 성별, 인종, 국적, 직업, 성적 정체성, 질병 유무 등으로 사회에서 배제되며, 그 집단의 구성원이라는 이유로 차별받는다. 대체로 한 사회 내에서 정치·경제적 권력의 측면에서도 약자인 경우가 많다.

혐오 범죄

소수 인종이나 성소수자 등의 특정 집단에 속하는 사람 또는 장애인, 여성, 노인 등 사회적 약자층에게 증오심을 갖고 그 집단에 속하는 불특정한 사람을 표적으로 삼아 가하는 범죄 행위를 일컫는다.

파시즘

전체주의적 정치 이념. 또는 그 이념을 따르는 지배 체제. 폭력적인 방법으로 지배자에 대해 절대적인 복종을 강요한다. 또한 독재자들은 혐오할 대상을 찾는 대중들을 선동해 자신의 지배 체제를 강화하고 민족 지상주의, 반공을 내세워 침략 정책을 주장한다.

민족주의

민족에 기반을 둔 국가의 형성을 지상 목표로 하고, 이것을 유지·확대하려고 하는 사고방식이나 정책 또는 그 활동.

다문화사회

한 국가나 한 사회 속에 인종, 민족 등 여러 집단이 지닌 문화가 함께 존재하는 사회. 한국 사회는 1990년대 중·후반을 기점으로 다문화사회로 접어들기 시작했다. 2018년 기준으로 한국의 다문화 가구는 33만을 넘어섰다.

당신은 어느 나라
사람인가요?

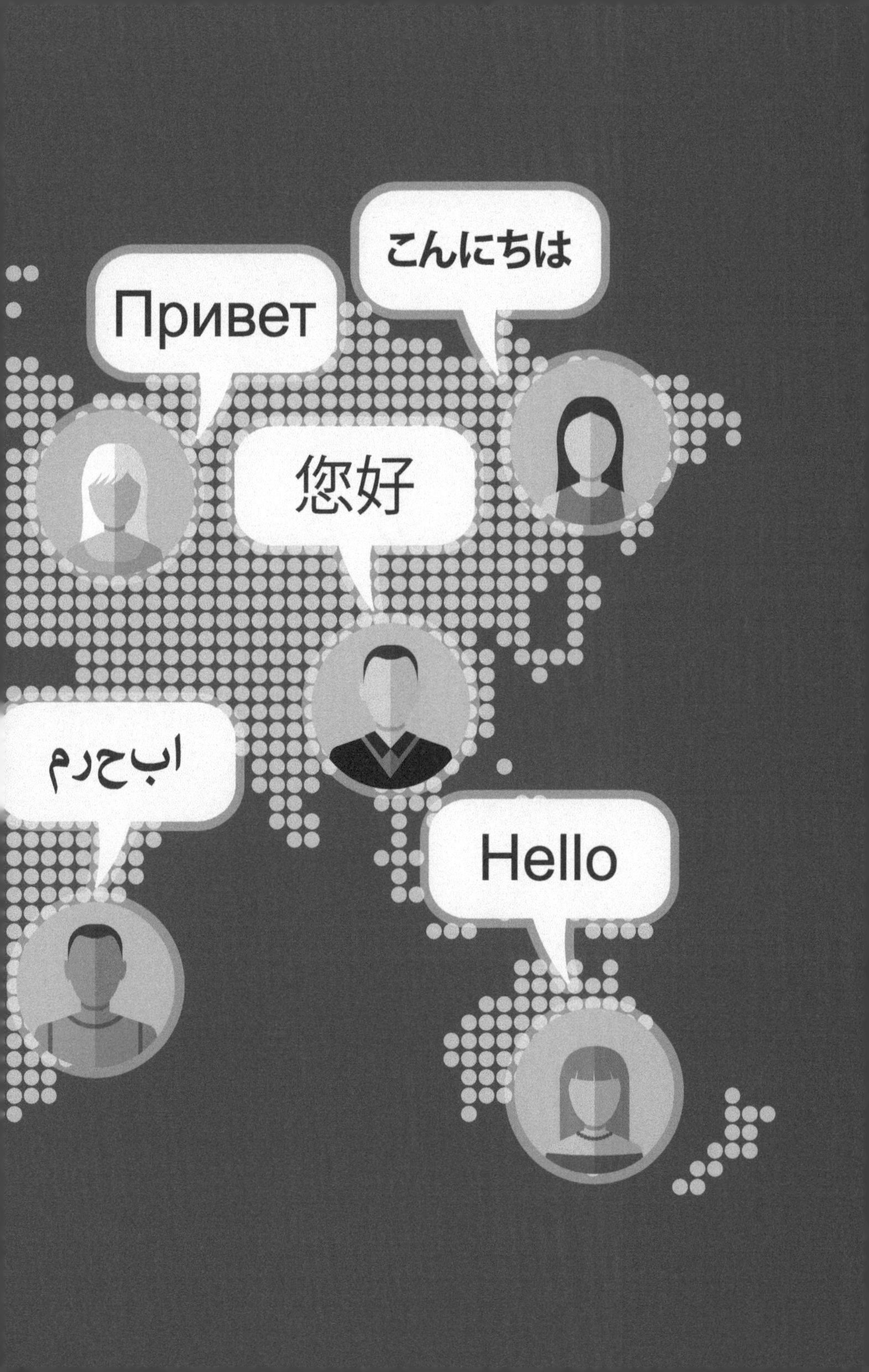
こんにちは
Привет
您好
ابحرم
Hello

과연 30년 뒤에도 민족국가가
의미 있는 정치 단위로 남아 있을 수 있을까?

개발도상국은 인구가 늘어서 문제

'인구문제'라고 하면 대부분 저출산 고령화를 생각한다. 그런데 세계 전체 인구는 감소는커녕 여전히 빠르게 증가하고 있다. 저출산 고령화를 고민하는 우리 입장에서는 이해가 안 되겠지만, 저개발 국가나 개발도상국에서 저출산 고령화는 아주 먼 미래의 일이다. 오히려 이들 나라에서는 부양 능력을 넘어서는 과다한 인구, 그리고 내려갈 줄 모르는 인구 증가율이 심각한 사회문제다. 개발도상국들의 합계출산율은 4명은 물론 6명이 넘는 나라도 있다.

인구를 먹여 살릴 능력이 충분한 선진국에서는 인구가 줄어서 문제, 그럴 능력이 부족한 개발도상국에서는 늘어서 문제다. 부자인 놀부는 자식이 적고 가난한 흥부는 자식이 많았던 옛날이야기가 떠오른다.

너무 많은 인구로 인해 문제가 되는 나라의 사람들이 인구 부족이 고민인 나라로 이주하면 되지 않느냐고 생각하기 쉽다. 하지만 이게 남아도는 상품을 부족한 나라에 수출하는 것 같은 일이 아니다. 다른 나라로 이주한다는 것은 관광이나 유학 같은 게 아니라 그 나라의 시민이 되는 것이다. 이건 그 나라 정부가 보장하는 여러 권리들을 누리고 반대로 그 나라의 존속과 발전을 위해 이런저런 의무를 감당해야 한다는 뜻이다. 사람만 건너간다고 될 일이 아니다. 닌텐도 게임기가 한국으로 건너올 때는 그냥 건너와도 되지만, 일본 사람이 대한민국 시민이 되려면 갖춰야 할 조건이 매우 많다.

시민들이 의무를 감당하고 권리를 누리면서 불만 없이 살아가는 까닭은 같은 나라 국민들 사이에는 상당한 동질감과 연대감이 형성되어 있기 때문이다. 그런데 이 동질감과 연대감은 저절로 생긴 것이 아니다. 교육을 통해 긴 시간 동안 만들어진 것이다. 그러니 부족한 인구를 그냥 들여올 수 없다. 부족한 것은 단순히 노동력이 아니라 한 나라가 유지되는 데 필요한 책임 있는 시민들이기 때문이다. 그런 시민은 다른 나라에서 부족한 식량이나 광물을 수입하는 식으로 들여올 수 없다.

그래서 대부분의 선진국은 인구 절벽이 심각하다고 하면서도

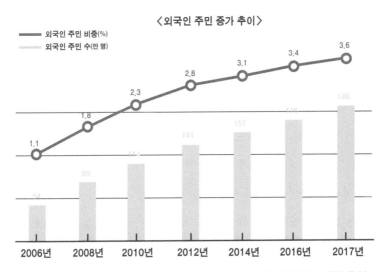

＜외국인 주민 증가 추이＞

외국인 주민 비중(%)
외국인 주민 수(만 명)

3.6
3.4
3.1
2.8
2.3
1.8
1.1

186
157
141
89
54

2006년 2008년 2010년 2012년 2014년 2016년 2017년

＊출처 : 행정안전부 2019 행정안전통계연보

2006년부터 2017년까지 우리나라의 외국인 주민은 세 배 이상 증가했다.

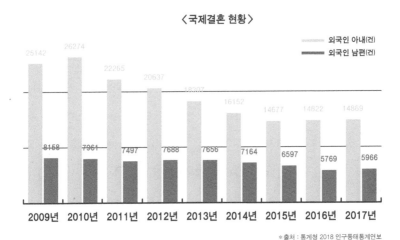

＜국제결혼 현황＞

외국인 아내(건)
외국인 남편(건)

25142 26274 22265 20637 18307 16152 14677 14822 14869
8158   7961   7497   7688   7656   7164   6597   5769   5966

2009년 2010년 2011년 2012년 2013년 2014년 2015년 2016년 2017년

＊출처 : 통계청 2018 인구동태통계연보

국제결혼은 점차 줄어들고 있는 추세다. 그렇다면 늘어나는 외국 이주민은 일자리를 찾아온 사람들일 것이다.

외국 이주민 받아들이는 일에는 신중하다. 가령 일본, 대만, 싱가포르는 우리나라 못지않게 저출산 고령화가 심각한 나라들이다. 그럼에도 불구하고 이들은 동남아시아 개발도상국에서 유입되는 노동력을 엄격하게 제한해 왔다.

인구 600만의 싱가포르, 2300만의 대만으로서는 인구 1억 정도인 필리핀, 베트남, 태국이나 인구가 3억이 넘는 인도네시아에서 이주 노동자들이 대거 몰려올 경우 굴러온 돌이 박힌 돌보다 훨씬 많아질 수 있다. 싱가포르 시민의 정체성을 공유하지 않는 인도네시아 이주민이 200만 명쯤 몰려온다면 과연 그 나라는 계속 싱가포르일 수 있을까? 대만의 정체성을 공유하지 않는 베트남과 필리핀 이주민이 1000만 명쯤 몰려온다면 과연 그 나라는 여전히 대만일 수 있을까?

하지만 폐쇄적인 일본과 대만도 갈수록 떨어지는 출산율에 결국 백기를 들었다. 특히 일본이 더 적극적으로 문을 열었다. 외국인 청년들을 유입해 부족한 생산 가능 인구를 해결하기로 작정한 것이다. 이게 아베 총리의 3대 경제 정책 중 하나인 '개방의 화살' 정책이다. 그래서 요즘 일본을 여행하면 편의점이나 식당 등에서 동남아시아나 방글라데시 출신 노동자들과 매우 쉽게 마주친다. 그런데 일본은 같은 외국 노동자라도 동남아시아보다는 문화적 동질성이 높은 한국과 대만 젊은이들이 오기를 바란다. 외국 노동자가 늘어나면 생산 가능 인구의 감소 문제는 어느 정도 완화

할 수 있지만, 외국 노동자를 받아들였을 뿐 폐쇄적인 일본 문화
는 그대로이기 때문에 언젠가는 터질 정체성 문제를 두려워하는
것이다. 한국이나 대만 출신은 일본 문화와 이질감이 적기 때문에
이런 문제의 가능성이 비교적 적다.

유럽 역시 이주민 문제가 심각하다. 유럽에서 지중해를 사이
에 두고 아프리카가 있기 때문이다. 아프리카는 세계에서 가장 빈
곤한 지역이면서 동시에 인구가 가장 빠르게 증가한 지역이기도
하다. 여기에 더해 끊임없는 내전과 분쟁이 더욱 삶을 고통스럽게
만들었다. 빈곤과 기아와 전쟁을 피해 수많은 이주민이 아프리카
를 떠나 유럽으로 몰려들었다.

게다가 아프리카에서 유럽으로 몰래 들어가는 것은 매우 쉽다. 지중해를 가로지르는 그리스, 이탈리아반도, 이베리아반도가 마치 다리 같은 역할을 하기 때문이다. 아프리카에서 허름한 배나 심지어 고무보트를 타고 하룻밤이면 아프리카 북단 튀니지나 모로코에서 이탈리아나 스페인으로 건너갈 수 있다. 이들의 목적지는 경제 사정이 어려운 이탈리아와 스페인이 아니라 독일, 프랑스, 영국 등이다. 일단 이탈리아, 그리스, 스페인 영토 안에 들어가는 일에 성공하면 유럽연합에 진입했기 때문에 마치 국내 여행하듯 독일까지 갈 수 있다. 여기에 최근에는 내전으로 피폐해진 서남아시아 난민들도 유럽 이주에 가세했다.

소수자라고 하기에는 너무 많아진 이주민

다른 나라에서 대대적으로 유입된 인구는 생산 가능 인구를 늘려 주는 긍정적 역할을 하지만 정체성 문제를 일으킨다. 대부분의 선진국은 나름의 민족적 정체성과 독자성을 강하게 유지하고 있다. 그런데 여기에 전혀 다른 종교, 민족, 문화, 전통, 인종의 이주민들이 빠르게 몰려들어 온 것이다.

물론 선진국은 문화 다양성을 존중하고 관용한다고 말한다. 하지만 그건 이주민들이 소수일 때, 그리고 자기들 삶이 넉넉할 때의 이야기다. 이주민이 소수자라 보기에 너무 많다면 사정이 다르다. 게다가 자기네 경제 사정이 어렵고 취업이 힘든 상황이라면 선진국 원주민들 사이에 이주민이 일자리를 빼앗아 간다고 책임을 돌리는 혐오가 독버섯처럼 자라난다.

가령 독일에서는 완전고용 시절이던 1960~70년대에 이주한 터키나 한국 출신 노동자들을 보는 눈과 경제성장이 정체되어 있는 요즘 무슬림 이주민을 바라보는 시선이 전혀 다르다. 현재 서유럽 나라들은 몰려드는 이주민을 마치 폭탄 돌리기 하듯 서로 미루고 있다. 이들을 포용하는 인도적인 정책을 펼친 메르켈 독일 총리가 정치적 위기에 처하기도 했고, 진보적인 나라로 알려진 덴마크는 좌파 정당이 권력을 잃은 대신 대놓고 민족 혐오를 주장하는 세력이 권력을 잡았다.

아메리카 대륙에서도 역시 이와 비슷한 일이 일어나고 있다. 미국은 선진국들 중 지난 10년 사이에 인구가 크게 늘어난 거의 유일한 나라로 저출산 고령화와는 무관해 보인다. 하지만 이 인구의 대부분은 외국 이주민들이다. 특히 멕시코, 쿠바, 과테말라 등 라틴아메리카 이주민들과 아시아 이주민의 증가 속도가 대단하다.

미국의 이주민은 정확한 통계조차 어려울 정도로 많다. 멕시코 출신 정식 이민자만 1200만 명에 이르는데, 불법 이민자까지 합치면 2000만 명을 훌쩍 넘긴다. 여기에 과테말라, 엘살바도르, 온두라스, 쿠바, 푸에르토리코 등 다른 라틴아메리카 출신까지 합치면 무려 4000만 명을 넘길 것이다. 이미 이들 스페인어권 이주

민들의 숫자는 지금까지 전형적인 미국인을 상징하던 아일랜드계 백인을 훨씬 넘어섰다. 감이 잘 안 오면 우리나라에 동남아시아 출신 이주민 인구가 1000만 명이라고 상상해 보라.

미국이라는 나라의 풍경이 바뀌었다. 개신교의 나라로 알려진 미국이 사실상 카톨릭 나라로 바뀌었다. 영어를 이해하지 못하고 오직 스페인어만 사용하는 인구도 늘어나고 있다. 이제 미국에서 경찰, 교사, 공무원 및 기타 책임 있는 직책을 맡으려면 스페인어를 필수적으로 익혀야 한다. 미국 학교에서 스페인어의 위상은 우리나라 학교의 영어와 같다.

지금까지 전형적인 미국인을 상징하는 이미지는 해리슨 포드나 톰 행크스였지만, 한 세대 뒤에는 전혀 다른 캐릭터로 바뀔 것이다. 이런 상황은 아직까지 주류 집단인 영어권 백인들, 특히 그 중 저소득층의 불안을 부추겼다. 이들은 자기들이 미국의 주인이며, 주인이어야만 한다고 주장하며 노골적으로 인종 혐오를 드러냈다.

한편 이주 노동자를 통한 생산 가능 인구의 보충이 저출산 고령화 문제 해결에 큰 도움이 되지 않는다는 주장도 있다. 이주 노동자들이 대체로 본국에 가족과 친지들을 남겨 두고 오기 때문이다. 이들은 이주해 온 나라에서 열심히 일해서 돈을 벌지만, 그 돈을 잘 쓰지는 않는다. 최소 생계비 수준으로 버티면서 버는 돈은 족족 본국으로 송금하거나 저축했다가 귀국 때 가지고 간다. 시장의 침체, 노령 인구를 부양할 젊은 세대 부족 등의 문제에서 가족을 동반하지 않은 이주 노동자들은 큰 도움이 되지 않는다.

심지어 외국인 이주 노동자들이 늘어나면 기존 시민들의 소득에 악영향을 끼칠 수 있다. 이주 노동자들이 떠나온 나라들은 대부분 개발도상국 중에서도 빈곤한 나라들이다. 이주해 간 나라에서 최저임금을 받아도 그 돈이 본국에서는 전문직 이상의 고소득이 될 수 있다. 결국 이들이 건설 일용직, 농어촌 일용직, 각종 요식업의 서비스직 등 노동시장 피라미드에서 제일 아래에 자리 잡은 일자리들을 잠식한다.

혐오의 확산

맹자는 유항산유항심(有恒產有恒心)이라고 했다. 일단 어느 정도 생계가 안정이 되어야 마음씨도 곱게 쓸 수 있는 법이다. 관용이니 평등이니 하는 것을 도덕 시간에 아무리 많이 배워도, 일자리를 구하기도 어렵고 벌이도 시원치 않은데 외국인 노동자가 자꾸 늘어난다면 고운 눈으로 보기 어렵다. 더 열악한 처지로 내몰리는 사람들이 앞으로도 삶이 개선될 희망을 보지 못한다면 절망은 분노로 바뀐다. 가진 것이 없는 사람들에게 남은 것이라고는 어떤 나라나 민족의 구성원이라는 소속감 하나뿐이다. 결국 그 나라, 민족에 속하지 않은 사람들이나 이주민이 자기 같은 원주민의 정당한 권리를 가로챘다고 생각하며 이주민을 향한 혐오가 싹튼다.

최근 우리나라에서도 이주 노동자를 넘어 무슬림 전반에 대한 강한 혐오가 확산되고 있다. 또한 성소수자에 대한 혐오는 물론 여성 혐오 사례도 매우 빈번하게 나타나고 있다. 대놓고 혐오를 조장하는 연예인이 나오기도 했다.

여기서 한 발 더 나아가 혐오를 정치적 동력으로 삼는 집단이 나타날 수도 있다. 이게 바로 파시즘이다. 히틀러나 무솔리니 같은 특별히 난폭한 독재자 혼자 파시즘을 만든 것이 아니다. 파시즘의 동력은 혐오에 사로잡힌 대중이며, 독재자들은 다만 이 혐오를 정치적으로 조작해 거대한 힘으로 바꾸었을 뿐이다.

혐오를 바탕으로 한 권력의 폭주는 이미 시작되고 있다. 미국

에서는 멕시코인들을 모두 쫓아내고 멕시코와의 국경에 물리적인 장벽을 설치하겠다는 상식 이하의 주장을 하는 도널드 트럼프가 대통령에 당선되었다. 트럼프를 열성적으로 지지한 집단은 멕시코 이민자들에게 일자리를 빼앗겼다고 생각하는 중하층 백인 노동자들, 이른바 '레드 넥'(Red Neck)들이다. 이들의 이민자 혐오와 더불어 여성 혐오까지 겹쳐 보편적 인권을 주장하던 여성 후보 힐러리 클린턴이 낙선했다. 실제로 트럼프 지지층의 상당수는 트럼프를 지지한다기보다는 클린턴과 클린턴이 대표하는 성공한 여성, 즉 남자보다 잘난 여자를 혐오하기 때문에 트럼프를 선택했다. 그리고 트럼프가 미국 대통령으로 당선된 다음 날부터 이주민을 향한 백인들의 폭력 사건이 급격히 늘어났다.

민족국가의 위기

그나마 미국은 원래 다민족국가이며, 이주민의 나라이기 때문에 그럭저럭 이런 문제들을 헤쳐 나가고 있다. 규모는 작지만 캐나다나 오스트레일리아 같은 나라도 마찬가지다. 하지만 우리나라, 일본 그리고 유럽 대부분의 나라는 민족 단위로 국가를 이루고 있는 민족국가들이다. 오랜 세월 동안 이들 나라들은 국가와 민족을 하나의 단위로 보는 데 익숙해져 왔다. 다만 영국이나 스페인은 둘 이상의 민족이 하나의 나라를 이루고 있는데, 스코틀랜드, 카탈루냐 등 소수민족은 끊임없이 분리 독립운동을 펼치고 있다.

이들 나라는 이주민이나 소수민족에게 배타적이었다. 자국 문화에 동화되거나 아니면 변방의 제한된 영역(가령 유태인들의 게토)에 모여 사는 양자택일을 요구했다. 하지만 더 이상 이런 방법은 통하지 않는다. 급격하게 늘어난 이주민들이 자기네 민족적, 문화적 정체성을 그대로 유지한 가운데, 그 나라 정식 국민으로서의 자격을 요구하고 있다. 원래 정체성 문제는 이주민, 소수민족의 문제였다. 하지만 이제 정체성 문제는 민족 공동체로서 국가라는 관념에 익숙했던 원주민들, 주류 민족의 문제가 되었다.

이는 기존 국가 주권의 위기를 불러온다. 민족국가들은 민족 자결의 원리에 따라 각 민족 단위로 구별되는 정부를 세웠다. 그런데 민족이 그 나라 국민의 정체성을 규정하지 않는다면 서로 다른 나라들로 갈라져 있어야 할 이유가 뭐란 말인가? 각 국가의 정부는 무슨 근거로 일정한 영역 내에서의 배타적인 주권을 주장할 수 있단 말인가? 과연 30년 뒤에도 민족국가가 의미 있는 정치 단위로 남아 있을 수 있을까? 누구도 확실하게 답할 수 없는 물음이다.

다민족국가에 익숙해지기

외국인이 계속 들어오고, 국제결혼이 늘어나면 한민족의 고유성이 사라질지도 모른다는 걱정 자체를 버리자. 어차피 앞으로의 세상은 단일민족국가가 살아남기 어려운 세상이다. 세계는 빠르게 연결되고 있으며, 연결되는 속도만큼 빠르게 섞이고 있다.

대한민국 국민의 자격을 한민족이라는 특정한 민족만 누린다는 생각을 버리자. 그리고 대한민국 국민이 반드시 한민족의 전통 문화나 가치관을 공유해야 한다는 생각도 버리자. 일본 방식으로 살아가든, 서양 방식으로 살아가든, 아니면 무슬림 방식으로 살아가든, 대한민국 시민권을 가지고 대한민국 헌법을 받아들이며, 대한민국 법을 준수하며, 납세와 국방 등 대한민국 국민의 의무를 완수하고 있다면 그 사람은 한국인이다.

사실 우리가 우리 민족 고유의 것이라고 생각하는 것들 중 매우 많은 것이 우리 민족만의 것이 아니며, 생각보다 최근에 여러 나라 문화가 융합되어 만들어진 것들이다. 가령 짜장면, 짬뽕, 탕수육을 중화요리라고 생각하겠지만 대만에 가면 한국 음식점에서 취급한다. 특히 짬뽕은 일본에 거주하던 중국인들이 만들어 낸 것이 다시 우리나라에 전파된 것으로 문자 그대로 한중일 '짬뽕'이다. 엄밀히 말하면 우리 민족 자체가 여러 민족이 융합되어 형성되었으며, 순수한 한민족은 존재하지 않는다.

늘 명심해야 한다. 민족의 순수성, 문화의 순수성 등 '순수'에 대한 집착은 어김없이 파시즘으로 발전했다. 우리는 기억해야 한다. 게르만 민족의 순수성을 강조한 나치들이 그 민족의 순수성을 지키기 위해 이질적인 존재들인 유태인, 집시, 슬라브족에게 어떤 만행을 가했는지.

유동민 되기, 열려 있는 자아, 움직이는 정체성

1980년만 해도 전 세계에서 연간 1억 명 정도가 자기 나라 밖으로 이동했다. 이 숫자는 2010년경에는 11억 명으로 늘어났으며, 2030년이 되면 30억 명까지 늘어난다고 한다. 이미 해외여행은 특별한 일이 아니다.

일본의 어느 디자이너는 주소지는 도쿄지만 의뢰는 미국에서 받고, 작업은 인도네시아에 있는 리조트에서 하고, 작품 발표는 유럽에서 하는 등 지구를 빙글빙글 돌며 살아간다고 한다. 그리고 이런 종류의 사람들이 점점 늘어나고 있다. 이런 삶의 양상을 두고 21세기는 정착민의 시대에서 유동민의 시대로 넘어가고 있다고 말하기도 한다.

어쩌면 20년 뒤에는 주소나 국적이 아무 의미 없는 그런 시대가 올 수도 있다. 이미 구글 지도는 전 세계 여러 도시의 중요한 스팟들에 대한 정보를 검색하는 사람의 언어로 옮겨서 보여 준다. 아직은 번역이 어색하지만 이런 속도라면 10년 이내에 전 세계 공통의 범용 번역, 통역기가 실용화될 가능성이 크다.

그러니 장차 우리나라에 들어오는 이주민에 익숙해질 뿐 아니라 우리 자신도 언제든 다른 나라에 정착해서 살아갈 준비가 되어 있어야 한다. 원래 우리는 유목민의 후손이 아닌가?

장소만 옮겨 다니는 것이 아니다. 우리는 정체성에 대해서도 변화할 준비가 되어 있어야 한다. 현대 신경과학은 정체성이라고 하는 것이 언제나 사후 정당화, 사후적 현상이며, 구체적인 실체가 아니라 복잡한 인간의 인지 과정 속에서 발현되는 일종의 현상, 증상임을 밝혀냈다. 복잡한 경험에 일관성을 부여하기 위해 이 경험을 주관하는 하나의 주체를 창출해 낸 것이 자아이며 정체성인 것이다. 따라서 경험이 바뀌면 정체성도 바뀌며, 바뀌어야 한다. 경험이 점점 복잡해지고 다양해지고 있는데 하나의 정체성을 움켜쥐고 있다면 인지 부조화에 빠지거나 완고한 고집쟁이가 된다. 열려 있는 자아, 유동하는 정체성, 이것이 앞으로의 세상을 살아가는 데 필요한 자질이 될 것이다.

세계에 대한 공부

대부분의 혐오는 그 대상에 대해 잘 알지 못하기 때문에 발생한다. 해방 이후 지금까지 지리적으로나 문화적으로 가장 가까운 나라들인 한국, 일본, 중국은 서로에 대해 제대로 가르치지 않았다. 이 세 나라는 저마다 자기네 역사를 중심과 정통의 위치에 둔 다음 그 입장에서 다른 두 나라 역사를 가르쳤다. 자기들에게 불리한 역사는 배제하거나 왜곡하는 일도 서슴지 않았다. 가령 일본은 한반도로부터 고대 문화를 받아들인 사실, 혹은 자기들이 한국과 중국을 침략해 참혹한 만행을 저지른 사실 등을 축소하거나 삭제해 가르치고 있다. 우리나라는 일본 역시 우리 못지않게 고대

때부터 문화를 발전시켜 온 나라라는 것, 일본이 임진왜란을 전후해 이미 문화 수준에서 조선을 넘어섰다는 것을 감추고, 원래 오랑캐였던 것들이 어쩌다 서양 문물 빨리 받아들여 벼락출세한 것처럼 가르친다. 중국 역시 이른바 동북공정을 통해 동아시아의 모든 역사를 사실상 중국사의 부분으로 취급한다. 브루스 커밍 교수는 "동아시아에는 세 개의 중화가 있다."라고 이를 꼬집었다. 심지어 우리 학생들은 동남아시아나 서남아시아 역사는 아예 배우지 않다시피 한다.

동물에게는 '공격-회피 반응'이라는 것이 있다. 이는 새롭고 낯선 것을 만났을 때 빠르게 위험을 회피하기 위해 형성된 본능이다. 사람 역시 마찬가지다. 사람의 두뇌는 동물적인 것을 인간적인 것이 대체한 것이 아니라 그 위에 덧붙여진 방식으로 진화해 왔다. 그래서 사람은 새롭고 낯선 것을 만났을 때 그것을 합리적으로 탐구하고 싶은 충동, 즉 '호기심'과 도망치거나 공격하고자 하는 충동, 즉 '두려움'이라는 감정을 동시에 느낀다. 이 가운데 역사가 더 오래된 것은 두려움이다. 따라서 사람은 잘 모르는 것일수록 두려워하며, 두려워하는 것을 마주할수록 공격적으로 반응한다.

더 많은 나라, 더 많은 민족의 역사와 문화를 공부할수록 두려움과 불안이 줄어들며, 혐오의 토양도 씻겨 내려갈 것이다. 우리가 그들에 대해 공부하고 이해하려 할 때 상대방도 우리를 공부하고 이해하려 한다. 반대로 우리가 무지하고 혐오한다면, 상대도 무지 속에서 우리를 혐오할 것이다.

Chapter 6

지구는 사람이 살 수 없는 곳이 될 것인가?

지구의 위기

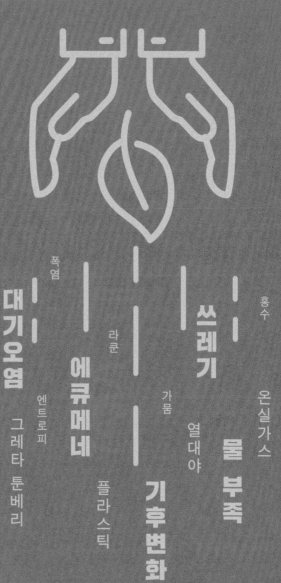

기후변화

일정한 지역에서 장기간에 걸쳐서 진행되고 있는 기후의 변화. 기록적인 폭염, 가뭄, 홍수, 산불, 북극 빙하의 해빙 등 기후 위기는 전 세계 곳곳에서 드러나고 있다.

라쿤

프랑스자연사박물관은 기후변화 때문에 북아메리카대륙이 원산지인 라쿤 서식지가 2050년에는 캐나다와 시베리아, 몽골 등으로까지 확대될 것이라는 보고서를 발표했다. 포식자인 라쿤 개체 수의 증가는 특히 크기가 작은 동물들에게 치명적일 수 있어 생태계 파괴에 대한 우려가 심화되고 있다.

물 부족

국제연합환경계획(UNEP)에 따르면, 전 세계 인구의 1/3이 극심한 물 부족에 시달리고 있다. 2025년에는 전 세계 인구의 2/3 정도가 물 부족 국가에 살게 될 거라는 전망이다. 한국은 땅 면적에 비해 인구수가 많아 1인당 연 강수량이 세계 평균의 12% 수준밖에 되지 않는다.

쓰레기 문제

쓰레기 문제가 심각한 것은 쓰레기를 매립한 땅은 재활용이 불가능하기 때문이다. 일단 쓰레기 매립지가 된 곳은 영원히 쓰레기 매립지로 남을 수밖에 없다. 2018년 유럽에서는 플라스틱 빨대를 추방하기로 결의했다. 그 밖의 수많은 쓰레기들을 퇴출하거나 줄이기란 만드는 것의 100배 이상 힘들다.

에큐메네(Ecumene)

지구에서 사람이 살고 있거나 살 수 있는 곳. 지구 표면의 2/3인 바다를 제외하고 극지방에 가까운 곳, 큰 산이나 고원, 사막, 습지, 정글 등을 다 빼면 사람이 거주할 수 있는 곳은 1/6로 줄어든다. 결국 인류 대부분은 지구 표면의 10% 정도에 몰려 산다.

온실가스를 많이 내뿜는 나라들

500만 톤 이상

500만 톤 이상

5000만 톤 이상

700만 톤 이상

500만 톤 이상

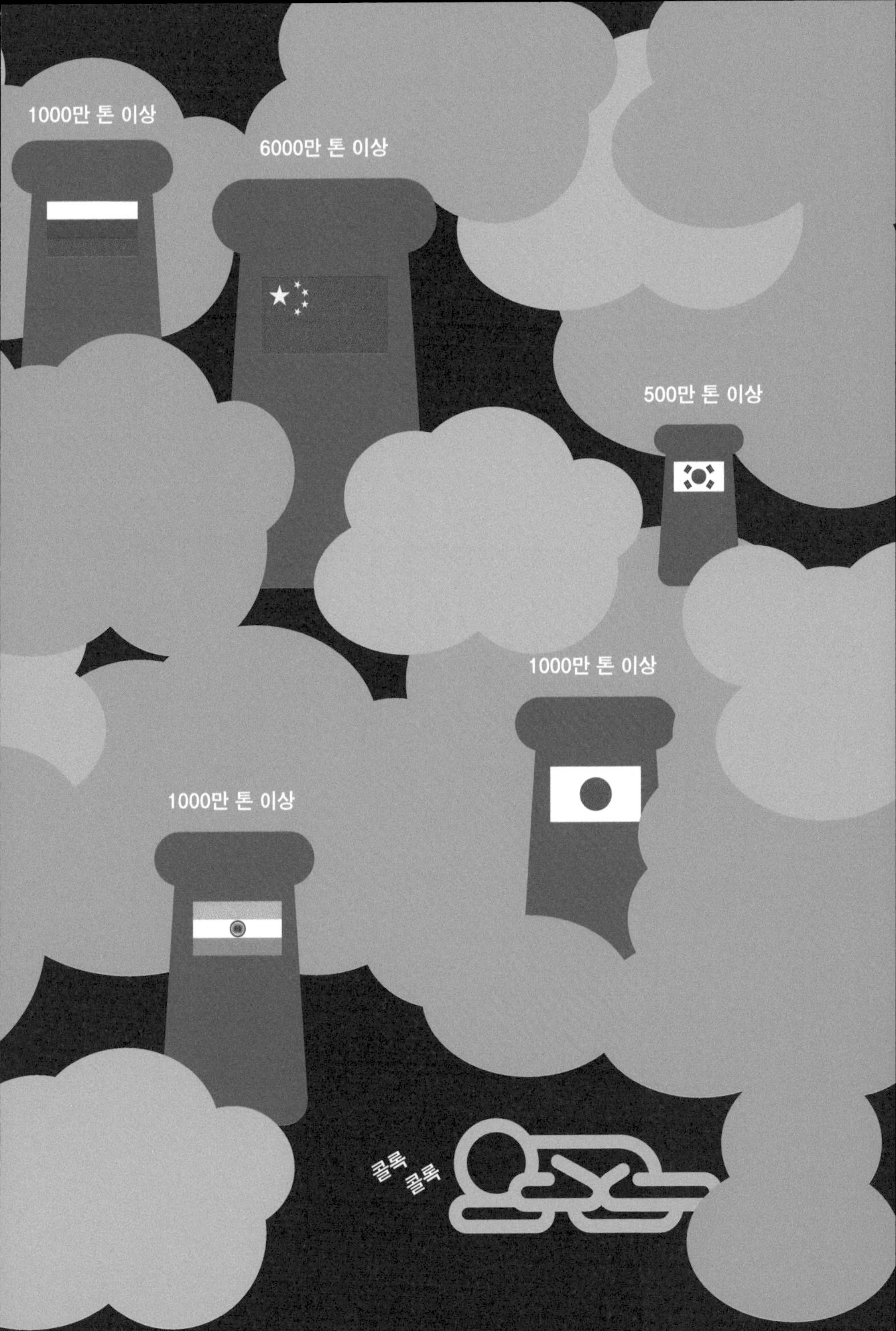
1000만 톤 이상
6000만 톤 이상
500만 톤 이상
1000만 톤 이상
1000만 톤 이상
콜록
콜록

우리는 지구에서 얼마나 더 살아남을 수 있을까?

지구는 사람이 살 수 없는 곳이 될 것인가?
- 지구의 위기 -

돈을 물처럼 쓴다?

영화 〈월-E〉의 배경은 지구가 너무 오염되어 사람이 거주할 수 없게 된 미래이다. 사람들은 지구를 떠나 우주선에서 생활하고 있으며, 로봇을 제외하면 어지간히 더러운 환경에서도 잘 살아남는 바퀴벌레들만 지구에 남아 있다.

그런데 다음 페이지의 지도를 보면 이게 단지 영화적 상상력으로만 보이지 않는다. 생명체에게 가장 중요한 기본 자원인 공기와 물이 심하게 오염되고 있기 때문이다. 이 지도에서 붉게 칠해진 부분은 대기오염이 심각한 지역이다. 그런데 인도 북부와 동아시아 지역이 붉게 물들어 있음을 확인할 수 있다. 중국과 인도에서만 25억이 살고 있으니 세계 인구의 절반이 숨 쉬는 게 고통스

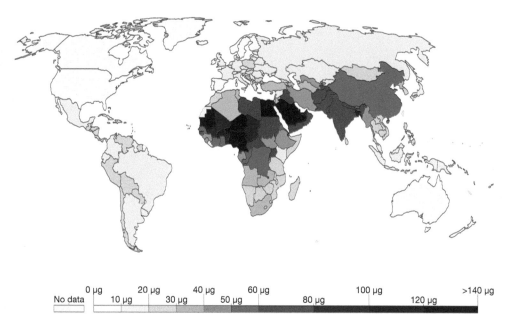

〈 미립자 물질(PM2.5) 대기오염 〉

No data	0 μg	20 μg	40 μg	60 μg		100 μg		>140 μg
	10 μg	30 μg	50 μg		80 μg		120 μg	

※ 출처 : 세계은행

세계보건기구는 매년 3백만 명의 사람들이 주변 대기오염으로 사망한다고 추정한다.

러울 정도의 환경에서 살아가고 있는 것이다.

1990년대에 방콕에서 산소를 판매한다는 뉴스가 해외 토픽으로 소개된 적 있다. 하지만 2030년에는 이게 해외 토픽이 아닐 수도 있다. 방독면이나 비상용 산소 탱크가 생활필수품이 될 수도 있다. 2010년에만 해도 집집마다 공기 청정기를 설치해야 하는 상황, 공기가 너무 나빠서 학교 체육 수업이 취소되는 상황이 오리라고는 상상도 못 했으니까. 그런 건 공상과학영화 속 디스토피아 설정으로나 생각했으니까. 2050년경이면 외출용 우주복이 나올지도 모를 일이다.

공기뿐 아니라 물도 심각하다. 국제연합환경계획(UNEP)에 따르면 2025년에는 미국, 유럽, 인도, 중국, 우리나라가 모두 물 부족 국가가 된다. 세계의 인구 밀집 지역 거의 대부분이 마실 물이 부족한 지역으로 전락하는 것이다. 우리가 흔히 쓰는 표현 중에 '돈을 물 쓰듯 한다.'라는 비유가 있는데, 그때가 되면 도저히 성립되지 않는 비유가 될 것이다. 1980년대에 유럽이나 미국에 다녀온 사람들은 "물을 돈 주고 사 먹더라고." 하며 어이없다는 듯 놀라움을 표현하곤 했다. 아니, 돈을 주고 물을 사 마시다니, 그 흔하디흔한 물을?

물론 물은 어디에나 있다. 지표상 담수의 양은 100년 전이나 지금이나 별로 달라지지 않았다. 중요한 건 물의 양이 아니라 오염되지 않은 물의 양이다. 오늘날 자연 상태의 물을 식수로 즉시 마실 수 있는 지역은 거의 남아 있지 않다. 자연 상태의 물을 가공해 먹을 수 있는 상태로 만들거나, 얼마 남지 않은, 오염되지 않은 자연 상태의 담수를 포장해 다른 지역에 판매하지 않으면 사람들은 더 이상 깨끗한 물을 마실 수 없게 되었다.

사람 이외에도 물을 먹는 다른 생명들 역시 더 늘어났다. 세계적으로 육류 소비가 증가하면서 기업적 목축, 대규모 목장이 늘어난 탓이다. 가축이 마시는 물만 필요한 게 아니다. 축사를 청소할 때도, 도축한 고기를 정리할 때도, 가축의 배설물을 처리할 때도 모두 엄청난 양의 물이 쓰인다. 이렇게 사용된 물은 오염된 물로 전락해 화학식으로만 H2O일 뿐, 더 이상 우리가 마실 수 있는 물이 아니다.

게다가 기계도 물을 먹는다. 가령 자동차들은 엔진의 온도 조절을 위해 물을 사용한다. 이 자동차와 부품을 생산하는 다른 공장에서도 엄청난 양의 물을 사용한다. 이 자동차를 달리게 할 석유 역시 물을 소비한다. 석유를 포함하고 있는 수성암인 오일 세일에서 석유를 추출할 때 엄청난 물을 쏟아붓기 때문이다. 앞으로 수소차가 늘어나면 수소 생산에 또 물이 필요하다. 그 밖에 수많은 기계들이 작업 과정에서 엄청난 물을 사용한다. 더 나쁜 것은 이렇게 공장을 거쳐 간 물은 '폐수', 즉 문자 그대로 쓰레기 물이 되어 버린다는 것이다.

이렇게 물은 당연히 돈 주고 사야 하는 음료수가 되었다. 이미 마실 물은 물론 씻을 물도 돈 내고 사용하

는 수돗물이 아니면 구하기 어렵다. 강이나 개천은 오염이 심해 마시기는커녕 빨래도 못 할 정도다.

하나의 큰 강에 여러 나라가 걸쳐 있는 경우 물은 석유보다 더 심각한 분쟁의 원인이 될 것이다. 20세기만 해도 석유 때문에 세계대전이 일어날 것이라고 했다. 하지만 이제는 물이 그 원인이 될 가능성이 가장 크다. 가령 동남아시아를 관통하며 흐르는 메콩 강이 한 예다. 메콩강은 중국 윈난성에서 발원해 태국, 라오스, 캄보디아를 거쳐 베트남에서 바다로 들어가는 5개국에 걸친 큰 강이다. 강은 하나에 나라는 다섯이라, 이들은 서로 간에 댐 건설에 신경을 바짝 세운다. 상류에 있는 나라에서 더 많은 물을 확보하기 위해 댐을 건설하면 하류에 있는 나라는 그만큼의 물을 손해 봐야 하기 때문이다. 실제로 베트남의 곡창지대인 메콩 델타가 위기에 처해 있다.

이렇게 지구는 숨 쉴 공기와 마실 물을 얻는 것부터 문제인 행성이 되어 가고 있다. 지구상의 모든 생명체는 호흡을 하고 물을 마시며 살아간다. 물과 공기가 오염된다는 것은 지구가 더 이상 생명의 터전이 되지 못한다는 것이다. 매카시의 유명한 소설 『로드』에는 식물들이 사라져 버린 황폐한 지구의 모습이 나온다. 사람들은 통조림같이 그 전에 이미 생산되었던 가공식품들 외에는 먹을 것을 구할 수 없다. 마침내 사람들은 다른 사람들을 잡아먹으면서 살아간다.

지구는 인류의 집이다. 집이 너무 오염되면 이사를 가야 한다. 만약 이사 갈 능력이 없다면 해를 입을 때까지 오염된 집에 머무르거나 집 없이 떠돌아다니는 수밖에 없다. 인류의 처지는 점점 떠돌아다녀야 하는 쪽으로 가고 있다. 돈이 없어서가 아니라 다른 집 자체가 아예 없기 때문에. 그래서 영화 〈인터스텔라〉에서는 사람들이 목성 근처에 인공행성을 띄워 놓고 살고 있다.

물론 공상과학영화의 설정이다. 그런데 이 공상들 중 나쁜 쪽이 좀 더 현실적이라는 게 문제다. 2050년끼지 지구가 사람들이 살기 어려운 행성이 될 가능성이 수십만 명의 사람들이 거주할 수 있는 인공행성이 만들어질 가능성보다 훨씬 크기 때문이다.

쓰레기 행성

공기와 물뿐이 아니다. 사람들이 발붙이고 등 누일 공간도 부족해진다. 쓰레기가 그 자리를 채우고 있다. 남는 건 땅밖에 없다던 중국, 그래서 그 남아도는 땅에 대만, 홍콩, 싱가포르 등의 쓰레기를 들여오면서 돈을 벌던 중국이 2018년 쓰레기 수입 중단을 선언했다. 이제는 더 이상 쓰레기 매립장으로 돈을 벌 정도의 경제 상황은 아니라는 자존심 때문일 수도 있고, 중국 역시 땅이 모자라기 시작했다는 경각심 때문일 수도 있다.

쓰레기 문제가 심각한 까닭은 일단 쓰레기를 매립한 땅은 재활용이 불가능하기 때문이다. 자연적으로 분해되어 흙으로 돌아

가지 않거나 분해된다고 해도 100년 이상 걸리는 쓰레기들이 너무 많다. 쓰레기 매립지를 무한정 늘릴 수 없기 때문에 일단 정해진 매립지에 쌓고 또 쌓다 보면 해발 50미터가 넘는 쓰레기의 산이 만들어진다. 이걸 다른 곳으로 옮긴다는 건 말도 안 되고, 그렇다고 여기에 다른 무엇을 지을 수도 없다. 일단 쓰레기 매립지가 된 곳은 영원히 쓰레기 매립지로 남을 수밖에 없다.

물론 서울시는 난지도 매립장 위를 덮어서 공원으로 만들었지만, 그 정도가 최선이다. 그곳을 주거지로 사용하거나 문화 시설이나 산업 단지로 활용하기는 어렵다. 그냥 그렇게 덮어 두고 그 아래 묻혀 있는 쓰레기가 분해되어 자연으로 돌아가기를 기다리는 수밖에 없다. 그런데 길게는 1000년의 분해 시간이 걸리는 쓰레기들이 많기 때문에 사람의 수명을 생각해 본다면 사실상 영원히 기다려야 한다.

그럼에도 불구하고 사람들은 계속해서 쓰레기를 만들어 내고 있다. 또 100년에서 1000년이 지나야 분해되는 쓰레기들이 줄어들지 않고 있다. 2018년에야 유럽에서 플라스틱 빨대의 추방을 결정했다. 빨대 하나 없애는 데 각 나라가 함께 모여 결의해야 할 만큼 이렇게 힘이 드는데, 그 밖의 수많은 쓰레기들을 퇴출하거나 줄이기란 만드는 것의 100배 이상 힘들다.

물론 쓰레기를 만들지 않고 살아갈 방법은 없다. 음식을 먹고 소화시키면 배설물이 생기듯, 우리가 지구의 자원을 가공해 사용하면 쓰레기가 남을 수밖에 없다. 미국의 미래학자 제러미 리프킨은 이걸 '엔트로피'(Entropy)라는 개념에 비유해 설명했다. 엔트로피는 무질서 상태를 의미하는 물리학 용어로 태초에 빅뱅 이래 우주는 엔트로피가 증가하는 방향으로만 움직이며, 그 반대는 불가능하다. 우주에서는 어떤 작용도 엔트로피를 만들어 낸다. 일시적으로 엔트로피를 줄인 것처럼 보이더라도 반드시 다른 쪽에서 엔트로피를 늘렸을 것이다. 우리가 살아간다는 것 역시 우주에서 어떤 작용을 하는 것이며, 결국 크든 작든 엔트로피를 만들어 낸다. 그리하여 온 세상이 엔트로피로 가득해진다면 바로 역사의 종말이다. 우리는 언젠가 마주할 수밖에 없는 예정된 파멸을 향해 달려가고 있는 셈이다.

물론 그건 까마득하게 먼 훗날의 일이다. 하지만 우주적 차원에서 까마득하게 먼 것이고, 인류라는 일개 종족의 차원에서 보면 가까운 미래일 수도 있다. 인간이 만들어 내는 엔트로피가 인간이 살아가는 역량을 넘어서면 그걸로 끝이다. 그러니 우리는 가능하면 엔트로피 발자국을 덜 남기면서 조금이라도 그 종말의 시간을 늦추어 가며 살아야 한다.

약간의 온도 차이가 불러오는 비극

지구에서 사람이 살고 있거나 살 수 있는 곳을 '에큐메네'(Ecumene)라고 한다. 그런데 지구에서 에큐메네는 의외로 적다. 일단 지구 표면의 2/3는 바다다. 여기에서 각종 극한 지대를 제외해야 한다. 극지방에 가까운 곳, 큰 산이나 고원이 있는 곳, 사막, 습지, 정글 등을 다 제외하자. 그러면 지구 위에서 사람이 거주할 수 있는 곳은 1/6로 줄어든다. 그나마도 살 수 있다는 것이지, 살기 적당하다는 것은 아니다. 결국 인류 대부분은 지구 표면의 10% 정도에 몰려 산다.

그런데 이 10%는 바로 지구 위의 여러 자연조건들이 우연히 중첩되면서 만들어 낸, 아슬아슬한 동적평형의 결과다. 처음에는 눈에 띄지 않지만 엔트로피가 치명적인 수치를 넘어서면 이 평형이 깨진다. 그럼 사람의 거주 환경은 서서히 나빠지는 것이 아니라 일순간에 무너져 버린다. 이 현상은 얼른 보면 아주 사소한 변화에서 비롯된 것으로 보이지만, 사실은 그동안 꾸준히 진행되어 온 일이 드러나지 않았을 뿐이다. 내가 메고 있는 배낭에 짓궂은 친구들이 몰래 자갈을 하나씩 집어넣는다고 생각해 보자. 처음에는 별 느낌이 없을 것이다. 하지만 배낭 무게가 어느 수준을 넘어가면 그때 비로소 배낭이 너무 무겁다는 것을 느끼게 되고, 마지막 자갈 하나가 들어가는 순간 주저앉고 말 것이다. 내가 넘어진 것은 마침 그때 자갈을 넣은 친구 탓이 아니다.

지구온난화가 바로 그런 현상이다. 태양의 복사열이 대기권 밖으로 빠져나가는 것을 막는 온실가스인 이산화탄소, 메탄 등이 증가하면서 지구가 거대한 온실이 되어 버리는 현상이 지구온난화라는 건 누구나 아는 사실이다. 원래 온실가스는 지구에 생명이 발생하도록 한 고마운 존재다. 덕분에 지구는 낮에는 달궈졌다가 밤에는 얼어붙는 대신 일정한 온도를 유지한다. 하지만 이 온실가스가 적정 수준을 넘어서게 되면 균형이 무너지면서 점점 달아오르는 쪽으로 치우치기 시작한다.

실제로 지난 30년 사이 지구의 기온은 꾸준히 올라가고 있다. 그렇다고 특별한 재앙이 덮쳐 오거나 하지는 않았다. 그래서 지구온난화의 위험이 과장된 것이라고 주장하는 목소리도 있다. 하지만 온실가스의 증가가 일정한 수치를 넘어가면 그때부터는 걷잡을 수 없는 변화가 일어날 수 있다. 지구의 에큐메네가 미묘한 동적 균형의 틈새임을 감안하면 우리가 살아갈 수 있는 조건이 단번

〈폭염 및 열대야 일수 최다 연도〉

폭염		열대야	
2018년 (31.5일)	☀☀☀☀☀	2018년 (17.7일)	👤👤👤
1994년 (31.1일)	☀☀☀☀☀	1994년 (17.7일)	👤👤👤
2016년 (22.4일)	☀☀☀☀	2013년 (15.9일)	👤👤👤
2013년 (18.5일)	☀☀☀	2010년 (12.7일)	👤
1990년 (17.2일)	☀☀☀	2017년 (10.8일)	👤

*출처 : 기상청

2018년에는 7, 8월 중 절반이 폭염일 정도로 폭염 일수가 늘어났다. 더구나 열대야의 경우 1994년을 제외하면 모두 2010년 이후의 연도들이 상위권에 들어 2010년 이후 뜨거워지는 한반도를 보여 준다.

에 무너져 내릴 수 있는 것이다.

가장 대표적인 곳이 유럽이다. 지구온난화가 계속 진행되면 유럽 사람들은 쪄 죽는 게 아니라 얼어 죽을 것이다. 지구온난화는 기껏 기온을 3도 올리지만 이 때문에 유럽의 기온은 20도 이상 떨어질 수 있다. 유럽이 원래 매우 추운 땅이라야 하지만 대서양의 따뜻한 바닷물이 데워 준 공기를 편서풍이 옮겨 옴으로써 따뜻해진 지역이기 때문이다. 추운 방에 자연이 만들어 준 온풍기를 켜 놓았다고 할 수 있다. 그런데 이 자연 온풍기가 꺼진다면 유럽은 겨울 왕국이 된다.

영화 〈투모로우〉에서 이 문제를 다루었다. 이런 순서로 재앙이 진행된다. 1)지구온난화 때문에 북극의 빙산이 녹는다. 2)빙산이 녹은 차가운 물이 따뜻한 쪽, 즉 남쪽으로 흐르면서 한류가 강해진다. 3)이 한류가 난류의 북상을 차단한다. 4)유럽을 데워줄 따뜻한 바닷물이 사라진다. 5)유럽이 겨울 왕국이 된다. 6)지구'온난화' 때문에 '얼어' 죽는다.

그래도 냉색이 지구온난화다. 설사 유럽이 얼어붙더라도 지구 전체적으로는 더운 날이 늘어날 것이다. 이미 그 조짐이 보이고 있다. 1990년대 이후 최악의 폭염 기록이 계속 경신되고 있다. 이미 한반도에서는 수백 년간 유지되어 오던 기후 패턴이 무너졌다. 1990년대 이후 장마철에 비가 오지 않는 이른바 마른장마, 게릴라성 장마가 빈번해졌다. 특히 2018년 여름은 장마철이라야 할 7월에 땡볕이 들고 심지어 소나기조차 거의 내리지 않으면서 마치 사막을 방불케 할 정도로 뜨거운 날씨가 이어졌다.

우리나라뿐 아니라 전 세계적으로 사상 유래 없는 뜨거운 날씨가 나타났다. 북극에 가까운 노르웨이에서 32도의 무더위로 산불이 났다. 우리나라나 일본이 40도까지 올라갈 때, 원래부터 여름에 40도에 육박하는 날이 있었던 지중해 일대는 거기서 더 올라갔다. 스페인은 47도, 알제리는 무려 51도라는 무시무시한 더위가 작렬했다. 한여름에도 25도를 넘는 날이 드문 영국, 독일 등에서도 32도가 넘는 날이 빈번하면서 더위에 약한 게르만족들이 혀를 내두르며 땀을 흘렸다.

우리나라의 지구온난화는 서서히 겨울은 더 추워지고, 여름은 견디기 어려울 정도로 더워지고, 봄가을은 사라지면서 평균 기온이 올라가는 방식으로 나타나고 있다. 겨울에는 영하 15도를 넘나들고 여름에는 영상 35도를 넘는 땅은 과학기술이 만들어 낸 냉난방 장치가 없었더라면 생존 자체가 심각한 위기에 처했을 환경이다. 게다가 과학기술이 감당할 수 있는 범위가 무한정한 것도 아니다. 또 과학기술을 사용하면 그건 그것대로 다시 엔트로피를 만들어 낸다. 결국 파국이 다가온다.

우리는 정말 지구를 버리고 떠나야 할까? 우리는 지구에서 얼마나 더 살아남을 수 있을까? 먼 훗날의 일일까 아니면 10년, 20년 안에 덮쳐 올지도 모르는 일일까? 누구도 자신 있게 대답할 수 없다.

미래에
대처하는
우리들의
자세

지구를 떠날 수 없다면 지구를 살려야 한다. 적어도 파국의 순
간을 최대한 늦춰야 한다. 그 열쇠는 정부나 국제기구가 아니라
우리 한 사람, 한 사람의 사소한 선택에 달려 있다. 다음과 같은
일들을 하면서 지구에서 가능하면 오래오래 살아 보자.

걸어 다니자, 자전거를 타자

아주 사소한 선택인 것 같지만 의외로 실천하기 어려운 일이
다. 하지만 매우 근본적인 일이기도 하다. 자동차는 숨쉬기가 어
려워질 정도로 공기를 더럽히는 미세먼지 발생의 주범이자 지구
온난화의 주범이기도 하다. 자동차를 두고 인류가 만든 가장 어리

석은 발명이라고 말하기도 한다. 70킬로그램짜리 사람 하나가 이동하려고 1톤을 넘나드는 쇳덩이까지 같이 움직이는 막대한 에너지를 발생시킨다는 것은 아무리 생각해도 합리적으로 보이지 않는다.

물론 자동차들이 내연기관 대신 전기나 수소연료를 이용하면 이런 문제가 상당히 해결되겠지만, 단기간에 해결될 것 같지는 않다. 그러니 우선 자동차 이용을 줄이는 것이 지금 당장 가장 쉽게 할 수 있는 확실한 지구 연명 방법이다.

걷는 습관을 들이는 것이 가장 좋다. 사실 대도시에서 시간 계산을 해 보면 자동차를 이용하나 걸어가나 시간 차이가 그리 크지 않다. 도시에서는 이동 거리가 5킬로미터를 넘는 경우가 많지 않다. 그리고 이 정도 거리는 1시간 정도면 걸어갈 수 있다. 자동차를 이용하더라도 교통 체증, 주차 시간 등을 감안하면 기껏해야 30분 정도 먼저 갈 뿐이다. 30분 정도의 시간을 손해 보는 대신 지구를 살리고, 덤으로 건강도 챙기자. 걷기를 일상화하는 것만으로도 특별한 피트니스가 필요 없을 정도의 운동 효과를 거둘 수 있다.

의학자들의 연구에 따르면 연령이 40대를 넘어가면 특별히 신경 쓰지 않는 한 근육이 10년마다 8%씩 감소하며 그 속도도 점점 빨라진다고 한다. 하체 근육 감소가 활동력 저하로, 활동력 저하가 운동 부족으로, 운동 부족이 다시 근육 감소로 이어지는 악순환을 이루기 때문이다. 특히 하루 대부분의 시간을 앉아서 일하거나 공부하고 가까운 거리도 걷지 않고 자동차를 이용하는 사람은 이 과정이 더욱 빠르게 진행되어, 60대가 되면 근육량의 30% 이상이 사라진다고 한다. 게다가 신체 활동량의 감소는 치매를 앞당기기도 한다. 다리도 아프고, 허리도 아프고, 지능도 무너진다. 지구를 지키면서 건강도 지키고 치매도 예방할 수 있다. 단지 하루 40~50분의 걷기만으로 말이다.

이보다 먼 거리는 자전거를 타자. 자전거는 체중 70킬로그램의 사람을 걷는 것보다 네 배 이상 빠르게 이동시킬 수 있으면서도 오히려 사람보다 훨씬 가벼운 13킬로그램 정도의 무게밖에 나가지 않는 정말 효율적인 이동 수단이다. 도시에서 사용하기 편하도록 경량화된 자전거는 무게가 10킬로그램에 불과하며 손쉽게 접어서 지하철에 가지고 들어갈 수도 있다. 10킬로미터 정도의 거리는 오히려 자전거를 이용하는 것이 자동차보다 더 빠른 경우도 많다. 그보다 더 긴 거리는 지하철과 자전거를 조합하면 얼마든지 다닐 수 있다.

식생활을 바꾸자

한 끼 식사로 지구를 건강하게 만들 수 있다면 조금 맛없는 식사를 감수할 수 있는가? 간단히 말하면 과도한 육식을 줄이는 것만으로도 지구를 구할 수 있다. 육식을 줄이면 고기의 수요가 줄어들고, 그러면 목축업의 규모도 줄어든다. 목축업의 규모가 줄어들면 가축의 배설물도 줄어들 것이며, 이산화탄소보다 몇 배 이상 강력한 온실가스인 메탄도 줄어든다.

현재 지구에서는 수억 마리의 소, 돼지가 사육되고 있다. 자연 상태에서 허용할 수 있는 범위를 훨씬 넘어선 숫자다. 고기 수요가 폭발적으로 증가하면서 그 수요에 맞추기 위해 목축업이 기업화, 공장화된 결과다. 오늘날 목축업은 정확히 말하면 가축을 사육한다기보다는 고기를 생산하는 곳이다. 그것도 대량생산 대량소비로. 물론 그 과정에서 엄청난 메탄가스도 대량생산하며, 더불어 어마어마한 양의 물도 오염시키고 있다.

물론 사람이 채소만 먹고 살 수는 없다. 원래 사람은 잡식 동물로 어느 정도의 육식을 해야 한다. 하지만 현재 선진국의 육식 선호는 자연적인 수준을 훨씬 넘어서고 있다. 기업형 목축 대신 보다 자연 상태에 가까운 목축과 도축을 한다면 고깃값은 대량생산할 때에 비해 한결 비싸질 것이다. 하지만 지구를 다시 구입할 수 없다는 점을 미루어 보면 그리 비싼 값이 아닐 수도 있다. 필수 아미노산 섭취에 필요한 정도로만 고기를 먹는 절제와 고기가 원래 값비싼 식재료임을 받아들이는 태도의 전환이 필요하다.

　이 문제를 훨씬 심각하게 받아들여 채식주의를 실천하는 것도 하나의 선택지가 될 수 있다. 채식주의에도 그 정도에 따라 여러 등급과 단계가 있으니 자신의 처지와 신념에 맞게 선택하면 된다. 비윤리적인 대량 축산 산물로서의 고기만 거부하는 플렉시테리언부터 축산물 중 알은 먹는 오보, 혹은 축산물 중 유제품은 먹는 락토, 알과 유제품을 먹는 락토-오보, 모든 동물성을 거부하는 비건까지 각자 나름의 의미가 있다. 요즘에는 채색 페스티벌이나 채식을 다루는 팟캐스트 등 젊은 채식인들을 중심으로 관련 콘텐츠가 활발하게 만들어지고 있으니 더 관심이 생기면 다양한 정보를 찾아보자.

일회용품 소비를 줄이자

　이건 하도 많이 들어서 너무 뻔한 말처럼 느껴진다. 하지만 가장 강력한 열쇠이며, 사소해 보여도 가장 실천하기 어려운 일이기도 하다. 우리는 일회용품의 홍수 속에 살고 있다. 손뼉도 짝이 있어야 소리가 난다. 일회용품을 만드는 사람만이 문제가 아니다.

그것의 사용을 선호하는 사람들이 있기 때문에 일회용품이 창궐하는 것이다.

다소 불편하더라도 일회용품의 사용을 줄이자. 거창한 지구 보호 캠페인보다 일회용 컵 사용을 줄이는 것이 어쩌면 더 큰 실천일 수 있다. 일회용품이라고 하면 플라스틱만 생각하겠지만, 막대한 종이 사용도 빼놓을 수 없다. 이런 문제를 해결하기 위해 상품을 담을 용기를 직접 가지고 다니자는 운동이 일어났고, 그래서 등장한 것이 에코백이다.

당연히 에코백의 소재는 천연 소재라야 한다. 물론 동물 가죽을 사용하면 안 된다. 이걸 가지고 다니는 게 불편하면 소용없으니 쉽게 구겨서 가방이나 주머니에 넣을 수 있어야 한다. 그래서 평소에는 구겨 넣고 다니다가 상품을 구입하면 펼쳐서 쇼핑백 대신 사용하는 것이다. 비슷한 취지로 음료수를 챙겨 다니거나 카페에서 테이크 아웃할 때 텀블러를 사용하는 것도 좋은 예다.

이와 비슷한 일상적인 실천에는 뭐가 또 있을까? 미국 노스웨스트 환경기구 수석 연구원 존 라이언은 지구를 살리는 7가지 물건을 소개했는데, 거창한 제목과 달리 매우 소소하고 일상적인 것들이었다. 어떤 것들인지 한번 살펴보자. 이 7가지는 괜히 선정된 것이 아니다. 이것들을 사용하고 보존함으로써 지구를 망치는 다른 것들을 대체할 수 있기 때문이다.

1. 자전거

자동차를 대체할 수 있다. 특히 사람보다 훨씬 가벼운 물체가 사람을 빠르게 이동시킬수 있는 기특한 발명품이다.

2. 콘돔

성병, 임신 그리고 인구 폭발을 막아 준다고 선정했다. 인구폭발을 염려할 처지가 아닌 우리나라 실정과는 좀 다르지만.

3. 천장형 선풍기

에어컨 사용을 줄여 줄 수 있다. 전기 소비 감소로 이어져 미세먼지, 온실가스, 혹은 핵 오염을 줄여 준다.

4. 빨랫줄

태양과 풍력에 의존하기 때문에 건조기가 사용하는 전기와 천연가스를 절약할 수 있다.

5. 타이국수

쌀과 채소로 만들기 때문에 육류 소비를 줄여 준다. 우리나라 실정에는 이와 비슷한 예가 많을 것이니 굳이 타이국수를 고집할 이유는 없다.

6. 공공 도서관

민주적으로 정보를 공유할 수 있다. 그리고 종이 소비를 줄여

숲을 지킬 수 있다.

7. 무당벌레

꼭 무당벌레일 필요는 없다. 농사에서 농약 사용을 줄이고 천
적을 이용한 생태적 작업을 하자는 의미다.

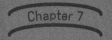

Chapter 7

가난, 선택이 아니라 필수?

성장의 위기

근로소득　실업률

기본소득　청년 실업

토마 피케티　경제활동인구

저성장

새산소득

부의 세습　사업소득　빈곤

중산층

경제성장률　흙수저

상대적 빈곤

빈곤

최소한의 인간다운 삶을 영위하는 데 필요한 물적 자원이 부족한 상태. 오늘날 빈곤 문제는 절대적 빈곤에서 상대적 빈곤으로 그 지평을 넓혀 가고 있다. 최근 세계 각국이 주목하는 문제는 일을 하더라도 빈곤에서 벗어나지 못하는 집단, 즉 '근로빈곤층'(Working Poor)이다.

기본소득

국민들이 최소한의 인간다운 삶을 누릴 수 있도록 국가가 조건 없이, 즉 재산 유무나 노동 여부와 관계없이 지급하는 소득이다. 핀란드에서 세계 최초로 2017년 1월부터 2년간 시행했다.

부의 세습

한국교육개발원은 2018년 한국고용정보원의 '대졸자 직업이동 경로조사' 자료를 이용한 '부모의 사회·경제적 지위가 대학경험과 노동시장 지위에 미치는 영향' 보고서를 발표했다. 이 보고서에 따르면 부모의 소득이 높을수록 자녀의 학력이 좋고 첫 일자리에서 받는 임금이 높다.

청년 실업

15~29세의 경제활동 인구 중 실업자의 비율을 말하며 국제 기준으로는 15~24세의 실업률을 가리킨다. 통계청 발표에 따르면 2019년 청년 실업률이 19년 만에 11.5%를 기록, 청년 실업자가 45만 명에 달한다. 첫 취업 평균 소요 기간은 10.8개월로 어렵게 첫 일자리를 얻고도 10명 중 8명은 200만 원 미만의 월급을 받는 현실이다.

경제성장률

분기 실질 국내총생산(GDP)의 증가율로, 해당 분기 중 생산된 재화나 용역 총량의 증가 속도를 나타내는 지표. 재산소득 증가율이 경제성장률을 앞서는 사회에서 '수저론'으로 대변되는 계급 불평등이 갈수록 고착화되고 있다.

달라도 너무 다른
소득 행렬

소득

네덜란드 경제학자 얀 펜은 1971년 『소득 분배』라는 책에서 소득이 있는 모든 사람을 소득이 적은 순부터 많은 순서로 키를 정해 1시간 동안 거리 행렬을 하게 했다. 처음에는 눈에 보이지도 않을 만큼 작은 사람들의 행진이 이어졌고 30분이 지나고 나서야 겨우 키가 1m인 사람이 등장했다. 행렬이 끝나기 직전에는 키가 수십 미터, 심지어 수백 미터에 이르는 사람들이 나왔다. 대부분의 사람들은 이 거인의 구두 굽이나 겨우 볼 수 있을 뿐이다. 결국 평균 임금은 이 키 큰 거인, 이른바 '슈퍼 리치'들이 높여 놓은 수치이기 때문에 중위소득과 비교해 봐야 한다. 이 행렬에서 가장 중간에 위치한 사람의 소득이 중위소득이며, 중위소득과 평균소득의 차이가 클수록 불평등한 사회라고 할 수 있다.

지금 같은 추세가 계속되면 10%의 중산층과
90%의 빈곤층으로 이루어진 사회가 될 가능성이 크다고.

7

가난, 선택이
아니라 필수?
- 성장의 위기 -

아무리 노력해도 물려받는 재산을 못 당한다

2015년, 프랑스 출신의 경제학자 토마 피케티가 쓴 『21세기 자본』이 온 세계를 뒤흔드는 베스트셀러가 되었다. 내용이 쉽거나 재미있는 책도 아니고, 두께가 얇은 책도 아니다. 거의 1000페이지에 이르며 수학 공식과 통계자료로 범벅이 되어 있는, 보기만 해도 머리 아픈 책이다. 출판사 입장에서 이런 책은 베스트셀러는 커녕 1000부만 나가도 다행일 텐데 뜻밖에도 '히트'를 친 것이다. 이 책이 모두가 궁금해하지만 답을 찾을 수 없던 문제를 다루었기 때문이다.

"세상은 점점 발전한다는데 왜 나는 자꾸 가난해질까? 경제는 계속 성장한다는데 왜 나는 사는 게 점점 더 어려워질까?"

175 175

이 책의 내용은 r>g라는 간단한 공식을 세우고 이 공식을 정당화하는 수백 년간의 자료들을 제시하는 것으로 이루어져 있다. 여기서 r은 재산소득, g는 생산소득(사업소득과 근로소득)이다. 재산소득은 이자, 주식의 배당금, 각종 부동산의 임대료 등 이미 가지고 있는 자산에서 비롯되는 소득, 좀 속되게 표현하면 '돈 놓고 돈 먹기'다. 생산소득이란 기업을 경영해서 얻는 이윤, 취직해서 받는 임금과 같이 뭔가 일을 해서 버는 돈이다. 대기업 총수의 경우 그 회사 지분에서 버는 돈은 r, 그리고 그 회사에서 맡은 직책 때문에 받는 연봉은 g다.

그런데 r이 g보다 크다는 것은 뭔가를 생산하는 일을 하는 것보다 재산을 보유하고 있는 편이 돈을 더 많이 번다는 뜻이다. 즉 근로소득, 사업소득보다 재산소득이 더 빨리 늘어난다는 뜻이다. 피케티에 따르면 평균적으로 재산소득은 연 5% 내외로 증식된다. 그럼 사업소득이나 노동소득의 증식 속도는 어느 정도일까? 그건 바로 그 나라 국내총생산(GDP)의 증가율, 즉 경제성장률로 확인할 수 있다.

그런데 경제성장률 5%는 어마어마한 숫자다. 2018년 상반기 미국은 경제성장률 4%를 기록하고서는 경이로운 성장이라고 평했다. 그 밖에 대부분의 선진국은 경제성장률이 1% 내외에 머무른다. 우리나라 경제성장률도 3%를 넘기지 못한다. 2017년 우리나라 모든 상장기업(주식시장에 공개된 기업)의 투자 대비 이익 역시

3% 내외에 불과하다. 2018년에는 3% 아래로 내려갔고, 2019년에는 2% 정도까지 예상된다.

　반면 재산소득을 올리는 자산가들의 소득은 부동산, 채권, 주식, 천연자원을 넘나들면서 계속 증가했다. 이들은 일자리를 옮기거나 사업을 변경할 필요 없이 투자한 자금만 옮기면 되기 때문에 수익이 더 많이 나는 쪽으로 바람처럼 옮겨 다닐 수 있다. 임대료가 올라가면 부동산을 사들이고, 기업 이윤이 상승하면 주식을 사들이고, 이도 저도 아니면 자금을 은행에 넣고 이자를 받으면 된다. 재산소득자들은 자유롭게 이 영역, 저 영역을 나비처럼 날아다니면서 수익을 낼 수 있다.

특히 2000년대 들어 눈부시게 발달한 ICT 기술은 금융 공학도 눈부시게 발전시켰다. 이제는 부동산과 같이 자본의 움직임이 대체로 둔한 영역에까지도 자본이 재빨리 투입되었다가 회수되는 것이 가능해졌다. 그 과정과 원리는 매우 복잡하지만 구체적인 투자는 펀드 매니저들이 할 일이다. 자산가는 그냥 그들에게 돈만 맡기면 된다.

노동자나 기업가에게는 어림없는 일이다. 노동자가 월급이 적다고 다니던 직장을 때려치우고 더 많이 벌 수 있는 직장으로 이리저리 옮겨 다닐 수 있을까? 그랬다간 그나마 있던 일자리마저 잃어버리기 십상이다. 기업가가 이윤이 시원치 않다고 하던 사업을 덜컥 정리하고 이 분야 저 분야 사업을 펼쳤다 접었다 할 수 있을까? 그랬다간 밑천마저 홀랑 말아먹기 십상이다. 마음에 안 드는 직장이라도, 수익이 잘 나지 않는 사업이라도 아주 망하지 않는 한 묵묵히 다니고 수행하는 수밖에 없다.

이러한 피케티의 공식은 자유시장경제가 모든 사람에게 기회의 땅을 열어 준다는 그간의 통념을 뒤집었다. 그동안 자유시장경제는 비록 빈부의 격차가 커진다는 문제점은 있지만 누구에게나 성공과 실패의 기회가 똑같이 열려 있다는 것을 자랑으로 삼아왔다. 자유시장경제에서 성공하지 못한 사람들조차 불만을 가지지 않는 까닭은 언제든지 경쟁에서 승리하기만 하면 자기들도 상류층으로 올라갈 수 있다고 믿기 때문이다. 피케티는 바로 이 희망에 찬물을 끼얹었다. 시장에서 분투하는 사람들은 아무리 애를 써도 원래부터 재산이 많은 사람을 당할 수 없다는 잔인한 진실을 드러냈다. 사업을 하든, 노동을 하든, 돈 놓고 돈 먹기를 못 이긴다는 진실 말이다. 한마디로 "아무리 열심히 노력하고 재능이 출중하다 하더라도 태어나기를 금수저로 태어난 사람을 당할 수 없다."는 이야기다.

소박하고 적당한 수준의 생활을 원한다고?

좋다. 금수저는 잊어버리자. 욕심만 버리면 금수저들이 계속 부를 축적하고 호화찬란하게 사는 모습은 더 이상 우리에게 스트레스를 주지 않는다. 사람들은 의외로 욕심이 크지 않다. 고대광실은 아니더라도 그저 배우자와 자녀가 방 한 칸씩 가지고 살 수 있는 집, 그리고 일상생활에 큰 걱정 없고, 계획하고 절약하면 한 달에 한 번 정도 가족 외식을 하고, 일년에 한두 번 정도 가족이 함께 휴가 갈 수 있는 정도의 생활이라면 만족하고 살 수 있다. 바로 이게 사회학에서 중산층을 정의하는 내용이다. 그리고 대부분의 사람은 이 정도의 삶에서 더 많은 욕심은 내지 않는다. 사람들은 부자가 아니라 중산층을 목표로 한다.

이게 1970년대까지만 해도 산업 노동자들도 얼마든지 이룰 수 있다고 믿었던 꿈이었다. 고등학교 정도까지 교육을 받고 공장이나 회사에 취업해 성실하게 일하면서 아껴 쓰고 저축하면, 나이

마흔 정도에 작은 집 한 칸 마련해서 넉넉하지는 못해도 아쉽지는 않은 그런 삶을 살 수 있다는 희망이 있었다. 저 무렵 일본인들은 "일본은 중산층 1억 명의 나라"라며 큰소리를 치기도 했다.

하지만 21세기 들어 저런 말은 쑥 들어갔다. 이제 일본은 중산층이 아니라 '알바생 1억 명의 나라'가 되었다. 알바생의 소득은 국가가 최저임금을 올리거나 하지 않는 한 아무리 경력이 늘어도 크게 올라가지 않는다. 그러니 일단 알바생 경로에 들어섰다면 그냥 평생 알바를 옮겨 다니며 살아야 할 가능성이 크다. 내 집한 칸 장만해서 온 가족이 아쉽지 않게 살아가는 것은 이제 소박한 꿈이 아니라, 평생을 걸고 이뤄야 할 장대한 꿈이 되어 버렸다. 아니 가족을 이루는 것부터가 점점 아득한 꿈이 되고 있다.

왜 이런 일이 일어날까? 이건 금수저들이 누리는 재산소득의 증가 속도가 GDP의 증가 속도, 즉 경제성장률을 앞지르기 때문이다. GDP는 한 나라에서 생산되는 모든 가치의 합이다. 그 나라 안에 살고 있는 사람의 소득은 임금이든, 이윤이든, 이자든, 임대료든 결국이 GDP를 분배하는 것이다. 그런데 GDP 성장률보다 재산소득 성장률이 더 크다는 것은 GDP에서 금수저들이 차지하는 몫이 점점 더 커지고 있다는 뜻이다.

여기서 금수저는 요트 타고 다니고 해외에 별장 가지고 있는 '슈퍼 리치'만을 말하지 않는다. 이른바 월급쟁이 중에서도 상당한 재산소득을 거두는 고소득 노동자들이 있다. 이들은 월급만으로도 중산층의 삶을 충분히 누리고도 돈이 남아 저축을 하거나 주식, 채권, 부동산 등에 투자를 한다. 재산소득만으로 생활할 수 있을 정도는 아니라 부자라고 부르기는 좀 민망하지만 당장 생활에 필요하지 않은 여유 자금을 굴려 소득을 계속 늘려나갈 정도는 되는 사람들이다.

피케티는 일하지 않고 재산소득만으로 생활이 가능한 재산가와 이들 고소득 노동자(이른바 괜찮은 일자리를 가진 사람)가 10분위 소득 순위에서 상위 10%를 차지한다고 보았다(10분위가 상위 10%, 1분위가 하위 10%다). 이때 10분위 소득을 1분위 소득으로 나눈 비율이 바로 소득 10분위 비율로, 양극화가 얼마나 진행되었는지 보여 주는 지표가 된다.

피케티는 이 10분위의 소득이 전체 소득의 몇 퍼센트를 차지하고 있는지를 계산해 불평등이 얼마나 심해지고 있는지 측정했다. 다음 페이지의 그래프는 지난 50년간의 10분위 소득 집중의 변화를 보여 주는 것이다. 갈수록 이 수치가 커지면서 상위 10%가 전체 소득의 거의 절반을 차지하고 있음을 확인할 수 있다. 이건 미국이라 치고, 우리나라는 어떨까? 우리나라 역시 이 숫자가

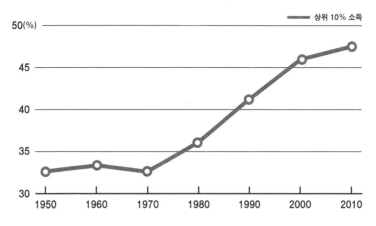

〈1950~2010년 사이 미국의 소득 불평등〉

상위 10% 소득

*출처 : 토마 피케티, 『21세기 자본』, 2014

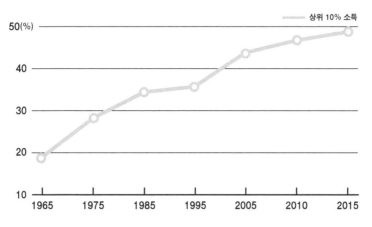

〈1965~2015년 사이 한국의 소득 불평등〉

상위 10% 소득

*출처 : 한국노동연구원

점점 더 커지고 있음을 확인할 수 있다.

지금까지 경제학자들은 중산층을 중위 소득(가령 국민이 100명일 경우 소득 순위 50번째 국민의 소득)의 50~150%로 정의했다. 그 아래는 빈곤층, 그 위는 부유층이다. 하지만 경제학적 중산층과 사회학적 중산층의 거리가 점점 멀어지고 있다. 상위 10%를 제외한 나머지 계층의 소득이 점점 하향 평준화되고 있기 때문에 100명 중 50등과 10등의 차이가 50등과 90등의 차이보다 훨씬 큰 것이다. 지금 같은 추세가 계속되면 사회학적으로는 10%의 중산층과 90%의 빈곤층으로 이루어진 사회가 될 가능성이 크다.

더 나쁜 소식은 빈곤의 수렁에 빠졌을 때 나올 방법이 점점 줄어들고 있다는 것이다. 이제 실업은 죽음과도 같은 고통이 되었다. 20세기에는 실업자가 되더라도 노력해서 새로 취업할 수 있었다. 하지만 21세기의 실업은 이제 그와 같은 일자리로 다시 돌아가기 어렵다. 일자리들은 점점 비정규직으로 바뀌거나 인공지능으로 대체된다. 실직 기간 동안 실업자는 기존의 업무에서도 뒤처질 가능성이 큰데, 새로이 요구되는 업무 능력은 갈수록 어렵고 복잡해진다. 결국 일자리를 잃었던 노동자가 다시 취업하려 할 때 원래 일했던 곳과 비슷한 수준의 일자리를 얻을 가능성은 점점 낮아진다. 도리어 더 나빠진 일자리를 놓고 치열한 경쟁까지 치러야 한다.

"해고는 살인이다!"

이 구호는 지금까지는 비유적인 의미로 사용되었다. 하지만 앞으로는 비유가 아니라 사실이 될 수도 있다.

자녀들아, 우리만큼이라도 살아라

어느 시대나 부모는 자녀가 자신들보다 더 나은 세상, 더 나은 삶을 살아가기를 바란다. 그리고 그럴 수 있다는 희망을 가지고 있다. 이 바람과 희망이 인류의 역사를 만들었고, 발전을 이루었다. 지금의 부모 세대들 중 어린 시절 "나는 비록 지금 이렇게 살지만, 너희들만큼은 장차~"와 같은 말을 안 들어 본 사람은 별로 없을 것이다.

희망을 이루는 경로는 명료했고, 방법도 단순했다. 열심히 일하거나, 열심히 공부하면 되었다. 대학은 그 열쇠였다. 농민이나 노동자의 아들딸이라도 열심히 공부해서 대학을 나오면 대기업이나 공기업에 취직해서 중산층 지위로 올라설 수 있었다. 당시 사무직 노동자(이른바 회사원)의 월급으로 맞벌이를 하지 않더라도 4인 가족을 부양하고 저축도 할 수 있었다. 게다가 어지간하지 않으면 해고당할 위험 없이 정년을 채울 수 있었다. 공무원뿐 아니라 웬만한 기업이 다 그랬다.

이렇게 넉넉한 임금과 안정된 고용이 보장되는 일자리를 '괜찮은 일자리'라고 한다. 대기업이나 공공 부문의 일자리들이 해당될 것이다. 특히 4년제 대학을 졸업하고 들어가는 대기업 사무직,

통칭 회사원은 중산층으로 가는 징검다리였다. 그래서 1970년대 우리나라에서는 공부 잘하는 아들 하나만 대학에 보내고 다른 형제들(주로 여자 형제들이다)이 공장 등에서 일해서 학비를 대는 등 집안이 '올인' 하는 일이 비일비재했다. 물론 나중에 그렇게 성공한 아들이 희생한 다른 형제들을 배신하는 경우도 많았지만.

이렇게 가난한 젊은이들에게 가장 저렴하면서도 확실한 징검다리가 되어 주었던 직업 중 하나가 교사였다. 교육대학이나 국립사범대학의 학비가 일반 사립대학의 1/4에 불과했고 경쟁도 그리 치열하지 않았다. 교사 봉급이 다른 대기업 사무직 노동자에 크게 미치지 못했고(이건 지금도 마찬가지다), 대기업 사무직도 소위 철밥

통이긴(이건 지금 보장할 수 없게 바뀌었다) 마찬가지였기 때문에 중산층 젊은이들이 굳이 교사가 되려 하지 않았기 때문이다. 그리하여 교직은 1970~80년대 빈곤층 자녀 중 공부 잘하는 학생들의 징검다리가 되었다.

하지만 다 옛말이다. 2000년대 이후 신규 임용되는 교사 중 빈곤 계층 자녀는 물론 중위소득 계층 자녀도 찾기 어렵다. 교육대학, 사범대학 진학부터 20세기보다 훨씬 어려워졌다. 설사 입학에 성공한다 하더라도 대학 졸업 후 재수, 삼수까지 해야 겨우 교사가 된다. 즉 까다로운 내입 준비 기간, 대학 졸업 후 2년간 특별한 소득 없이 공부에만 전념해야 하는 수험 기간을 뒷바라지할 수 있는 집안의 자녀가 교사가 될 가능성이 크다.

교사의 처우가 갑자기 좋아진 것일까? 아니다. 30년 전과 비교하면 오히려 더 나빠졌다. 문제는 교사 이외의 괜찮은 일자리들이 크게 줄어들었다는 것이다. 그래서 20세기에는 교직은 거들떠보지도 않았던 중산층들이, 이제는 과거보다 더 열악해진 조건임에도 불구하고 자기 자녀를 교직에 밀어 넣고 있다. 심지어 교사보다 보수나 처우가 더 나쁜 일반 공무원 시험 역시 빡빡하기 짝이 없다.

그런데 얼른 보면 공정해 보이는 시험은 사실 매우 불공정한 게임이다. 시험에는 공부뿐 아니라 가정이나 주변에서 보고 들은 것들이 크게 작용한다. 빈곤층 출신보다는 중산층, 특히 부모 중

적어도 한쪽이 교사, 교수 등 지식층인 학생들이 압도적으로 유리한 게임이 바로 시험이다. 교사, 공무원 그리고 몇몇 대기업 등 시험을 통해 선발하는 괜찮은 일자리들은 중산층 이상의 가정에서 자녀에게 안정된 일자리라는 유산을 물려주는 방편이 되었다.

창업해서 기업가의 길을 걷고자 해도 쉽지 않다. 2018년을 기준으로 우리나라 자영업자들의 3년 생존율은 30%가 채 되지 않는다. 창업한 사람들 중 대다수가 3년 안에 문을 닫는다는 뜻이다. 저출산 고령화로 인해 지방이 점점 위축되면서 모든 기업은 수도권과 대도시에서 사활을 걸게 되었다. 그 결과 오히려 경쟁은 더욱 치열해졌다. 줄어드는 시장을 놓고 기존 기업과 스타트업이 경쟁하다 보니 이윤은 점점 떨어지고 폐업의 위험은 점점 높아진다.

기업소득은 리스크 감수에 대한 보상의 성격이 강한데, 리스크는 늘어나고 소득은 줄어드는 상황에서 창업하는 사람이라면 남다른 인사이트가 있는 사람이거나 아무 생각이 없는 사람이다. 실제로 많은 사람이 아무 생각 없이 창업을 했다가 속절없이 망하고 있다. 서울의 카페거리로 유명해진 S동에는 150미터 골목에 30개가 넘는 카페가 들어서 엽기적인 경쟁까지 벌어지고 있다. 이 가운데 대부분은 망할 것이다.

그러는 동안에도 재산을 불려서 소득을 올릴 수 있는 계층은 꾸준히 재산을 늘리고 있다. 우선 부동산이 그렇다. 1979년 강남구 소재 전용 면적 84평방미터 아파트의 가격은 초등학교 신규 교사 연봉의 7~8배였다. 이 교사가 만약 연봉을 한 푼도 쓰지 않고 저축한다고 가정하면 7년이면 강남구의 아파트 한 채를 살 수 있는 것이다.

2018년에는 어떨까? 같은 급의 아파트 가격은 무려 150배나 올랐다. 반면 교사 연봉은 15배 정도 올랐을 뿐이다. 연봉을 한 푼도 쓰지 않고 모으더라도 무려 60년을 모아야 한다. 강남이 아니라 강북에서 아파트를 장만하려 해도 10년 이상 모아야 한다. 1979년과 똑같이 7년을 모은다면 경기도 외곽으로 가야 아파트를 장만할 수 있을까 말까다. 1979년 초임 교사보다 2018년의 초임 교사가 상대적으로 훨씬 더 가난해진 것이다.

이제 부모로부터 물려받은 재산 없이 스스로의 힘으로 서울에서 집을 마련하는 일은 사실상 불가능한 일이라고 보면 된다. 집을 마련할 수 없으면 임대해야 한다. 그런데 누구로부터 빌릴까? 집을 이미 한 채 이상 가지고 있는 재산소득자, 자산가이다. 결국 이렇게 자산가의 재산소득은 또 늘어난다. 이런 식으로 재산소득은 계속해서 노동과 사업소득을 앞지른다.

월급만으로 언제 돈 모으냐 싶어서 주식에 투자해도 마찬가지다. 주식과 같은 금융 상품은 오르내림의 변동이 크다. 설사 5년 정도 지나면 수익을 볼 수 있다 해도 그 5년을 이루는 하루하루는 그야말로 가시방석이 될 것이다. 그런데 자산가는 하루에 수백만 원씩 자산이 늘었다 줄었다 해도 눈 하나 깜짝하지 않는다. 어차피 남는 돈이기 때문이다. 하지만 노동자가 그런 상황에 처했다면? 심장이 떨려 감당하지 못할 것이다. 어떻게 모은 돈인데? 이미 충분한 자산이 갖춰져 있지 않은 한 금융시장에 투자해서 돈을 벌기란 매우 어렵다.

〈돈〉, 박누리 감독, 2019

상위 10분위의 중상층이라고 해서 안심할 수 없다. 인공지능이 10분위에 해당되는 지식 노동자들의 일자리도 위협하기 때문이다. 이미 10분위 안에서도 상위 5%, 나아가 상위 1%의 소득 증가율이 나머지 5%, 9%의 소득 증가율을 가파르게 앞지르고 있다. 바야흐로 1:9 사회가 1% 대 99% 사회로 빠르게 바뀌어가고 있다.

이제 부모들의 꿈이 바뀌고 있다. 좋게 말하면 꿈이 소박해졌다. 요즘 부모들은 자녀에 대해 거창한 꿈을 갖지 않는다. 큰 성공을 기대하지도 않는다. 심지어 자기들보다 더 잘살 수 있을 것이라는 희망조차 버리고 있다. 오히려 그들은 자녀가 자기들이 현재 누리고 있는 수준의 삶이나마 누릴 수 있을까, 그걸 걱정하고 있다.

특히 중산층 부모의 걱정이 더 크다. 부모가 누리고 있는 중산층 수준의 삶을 자녀가 누리지 못한다는 것은 빈곤층으로의 전락을 뜻하기 때문이다. 아무리 가난을 멸시하지 않는 것이 미덕이라지만 자기 자녀가 빈곤층이 되는 것을 두려워하지 않는 부모는 없다.

미국의 경제학자 로버트 J 고든은 『미국의 성장은 끝났는가?』라는 책에서 밀레니얼 세대(미국에서는 1981년 이후에 출생한 세대를 이렇게 부른다)는 미국 역사상 자기 부모 세대보다 더 가난하게 살게 되는 최초의 세대라고 말했다.

자녀가 부모보다 잘살 수 있으리라는 희망을 갖지 않는 가장 결정적인 까닭은 경제성장률이 정체되어 있기 때문이다. 성장이 정체된 경제에서 젊은 세대가 뭔가 큰일을 하기란 매우 어렵다. 그나마 미국은 사정이 좋은 편이다. 유럽이나 일본은 경제성장률이 1%만 넘어도 경기가 매우 좋은 해라고 경사가 나는 지역이다. 우리나라도 경제성장률이 2% 정도에 머무를 가능성이 크다. 젊은 이들은 '대박'이라는 말을 입에 달고 살지만, 이제 우리나라는 대박이 날 만큼 역동적인 경제 상황이 아니다.

사실 경제성장률이 높고 역동적인 시절에도 재산소득 증가율은 경제성장률을 앞섰다. 다만 그때는 기업가나 노동자에게 돌아갈 몫이 꽤 많아서 티가 나지 않았을 뿐이다. 파이가 자꾸 커지고 있을 때는 거기서 상대적으로 더 많은 몫을 가져가는 사람에게 관심이 가지 않는다. 더 커지는 부분을 잘라가면 되니까. 하지만 파이의 크기가 고정되어 있다면 누군가의 몫이 점점 늘어날 때마다 다른 사람들의 몫은 눈에 띄게 줄어들 수밖에 없다.

우리나라만 해도 3저 호황이 한창이던 1980년대, 1990년대에는 경제성장률이 5%는 물론 10%를 넘기기도 했다. 일본 역시 '거품 경제'라는 말이 나올 정도로 높은 경제성장률을 자랑했다. 사회 모든 분야가 빠르게 성장했고, 열심히 노력만 한다면 어느 분야든 그 과실을 거둬들일 수 있다는 노력의 신화가 통했다. 실제로 독창적인 아이디어와 근면함으로 엄청난 부를 일군 젊은 자산가들이 속출하던 시대였다. 하지만 이 모든 것이 이제는 과거지사다. 그런데 도리어 자녀에게 공부를 강요하는 정도는 더 강해졌다. 부모는 말한다.

"열심히, 죽도록 공부해라. 그래야 나만큼이라도 산다."

질투와 분노의 사회

희망이 보이지 않는 사회에서는 나보다 잘난 사람에게 가는 시선이 바뀐다. 빠르게 발전하는 사회에서는 다른 사람의 성취를 부러워할 틈이 없다. 그럴 틈이 있으면 내가 더 노력하면 되니까. 하지만 이제 노력이 점점 무의미하다고 느껴질수록 다른 사람에 대한 시기와 질투가 강해진다.

사람에게는 방어기제가 있다. 현재 상태가 만족스럽지 못할 때 그걸 자신의 능력 부족으로 돌리는 경우는 거의 없다. 대부분은 사회제도나 나의 몫을 빼앗아 가는 다른 누군가를 탓한다. 점차 사회적 질투가 만연한다. 그런데 이 질투는 금수저를 향하지 않는다. 오히려 자신과 비슷한 처지이면서, 혹은 조금 더 불리한 처지임에도 불구하고 조금 더 나은 보상을 받고 있는 사람들로 향한다. '나보다 못한' 것들, 혹은 '나하고 별 차이 없는' 것들이 챙겨 가는 몫이 원래는 '내 몫이 되어야 마땅하다.'는 생각이 커지면서 사회적 질투는 사회적 분노로 바뀐다.

저성장 시대에 가난은 더 이상 불운이 아니다. 어쩌면 가난은 어지간한 집안에서 태어나지 않으면 일단 기본적으로 감수해야 할 조건일지 모른다. 문제는 "비록 가난하지만 마음만은 부자"라 말이 더 이상 통하지 않는다는 것이다. 가난하면서 분노에 가득 찬 사람들이 늘어나고 있다. 분노에는 대상이 필요하다. 대상이 없는 분노는 본인만 답답하고 괴롭다. 그러나 일단 대상을 찾은 분노는 상당한 파괴력으로 변한다. 분노에 가득 찬 사회는 끊임없이 공격의 대상을 찾는 무리들이 우글거리는 지뢰밭과 같다. 여기에서 각종 혐오가 싹튼다. 혐오, 그리고 혐오가 불러오는 민주주의의 위기에 대해서는 다음 장에서 이야기하겠다.

이미 2300여 년 전 아리스토텔레스는 정치를 무너뜨리는 빈부의 격차에 대해 우려한 바 있다. 그래서 소득의 양극단에 속하는 사람들이 인구의 극소수를 차지하고, 인구의 대부분이 가운데 몰려 있는 중산층이 다수를 이루는 사회라야 민주정치가 제대로 운영될 수 있을 것이라고 봤다. 민주주의란 다수에게 권력이 주어지는 정치인데, 그 다수가 위나 아래에 치우쳐 있다면 다수가 전체를 대표할 수 없기 때문이다.

부모보다 잘살기 어려워진 젊은이들에게 뭔가 새로운 비전을 찾아 주지 않는다면 20~30대가 60대 이상보다 진보적이고 민주적이라는 상식도 옛날의 신화가 되어 버릴 수 있다. 독일과 유럽에서 파시즘의 동력이 된 세력은 가난한 젊은이들이었다.

가난이 선택이 아니라 필수가 되어 버린 세상에서 살아가려면 생존 배낭에 무엇을 싸 두고 있어야 할까? 그냥 꾹 참고 살아가야 하는 것일까? 누구를 향해서인지 모를 분노만 터뜨릴 것인가? 아니면 혁명이라도 일으킬까? 우선 직접 실천할 수 있는 작은 것부터 시작해 보자.

새로운 인생관

가난의 반대말은 부유함일까? 그렇지 않다. 극소수를 제외한 사람들은 늘 자신이 가난하다고 생각하며 자신보다 부유한 사람을 부러워한다. 그리고 그 부러움의 대상이 되는 부유한 사람 역시 누군가를 부러워하고 있을 것이다. 실제로 사람들이 부러워하는 것은 더 부유한 사람이 아니라 자신의 욕망이며, 다른 누군가가 자신이 욕망하는 바를 가졌다고 여기는 것이다. 세상 누구도 무한한 욕망을 충족시킬 수 없다. 그러니 사람들은 모두 가난할 수밖에 없다.

왜 이렇게 되었을까? 우리가 풍요로운 소비사회를 살아가고 있기 때문이다. 소비사회는 소비가 끊임없이 욕망을 재생산하는 사회다. 써도 써도, 사도 사도, 벌어도 벌어도 점점 가난해질 수밖에 없는 사회다. '부유함'은 신기루처럼 다가서면 멀어지고, 다가서면 다시 멀어진다. 그렇다면 무작정 신기루를 좇을 것이 아니라 이 악순환의 단절을 고민해 봐야 한다.

차라리 경제성장률이 점점 낮아지는 것을, 즉 돈을 더 많이 벌기 어려워지는 세상을 현실로 받아들이자. 우리는 더 많이 가짐으로써 욕망을 채워 행복에 이를 수 있는 시대를 떠나보냈다. 그랬던 사람이 있기나 했는지 모르겠지만.

가난이 욕망에 대해 상대적인 개념이라면 부를 늘리는 쪽보다는 욕망의 크기를 줄이는 쪽을 생각해 볼 필요가 있다. 물론 욕망의 총량을 줄이는 것은 어렵다. 그건 정말 덕이 높은 스님들처럼 오랜 시간 수행해 온 사람들이나 할 수 있는 일이다. 하지만 욕망의 총량은 그대로 두고 그 종류를 다양하게 하는 것은 가능하다. 즉 큰 욕망 하나를 충족시키는 것보다는 손쉽게 충족시킬 수 있는 욕망 다섯 개를 두자는 것이다.

심리학자들의 연구에 따르면 어떤 욕망도 충족된 뒤에 3개월 이상 행복감을 유지하기 어렵다고 한다. 간절히 가지고 싶었던 물건을 구입하거나 선물받은 뒤 그 뿌듯한 마음이 얼마나 오래갔는지 생각해 보면 알 수 있다. 그렇다면 2년을 아등바등해서 뭔가 하나를 구입하고 3개월 행복한 것과 뭔가 소소한 것을 얻거나 이루면서 이틀이나 사흘씩 행복한 경험을 해마다 10번씩 누리는 것 중 어느 쪽이 더 나아 보이는가? 이것이 바로 작은 행복이다.

안 그래도 요즘 '소확행', 작고 확실한 행복이라는 말이 유행하고 있다. 작은 행복은 그렇다 치지만 확실한 행복은 무엇일까? 비싸고 화려하진 않지만 제값을 하는 맛집 찾아다니면서 사진 찍는 일? 여기서 그 사진을 혼자 찍었나 누군가와 함께 찍었나를 살펴보면 바로 답이 나온다. 인스타그램을 장식하는 그 많은 맛집 사진은 거의 대부분 주변 사람들과 함께 다니면서 찍은 것들이다. 맛집이 행복을 준 것이 아니라 친교 활동이 행복을 준 것이다.

더 많은 부, 더 많은 소유를 위해 앞만 보고 있었다면 이제 시선을 옆으로 돌려 보자. 곁에 있는 사람들과 긍정적인 관계를 맺어 보자. 다른 목적을 두지 않는, 오직 관계 그 자체가 목적인 관계를 맺고 만남 그 자체에서 즐거움을 느껴 보자. 이것이야말로 큰돈 들지 않고, 유효기간도 없으며, 누리면 누릴수록 소멸되기는 커녕 점점 커지는 확실한 행복이다.

여기서 한발 더 나아가면, 다른 사람과의 관계뿐 아니라 내가 몸담고 기여할 공동체를 크건 작건 하나 이상 만들자. 조국이니 민족이니 하는 추상적인 거대 공동체는 나의 참여와 기여를 확인할 수 없기 때문에 별 도움이 되지 않는다. 가족과 같은 강한 결속력의 공동체는 도리어 내 삶의 영역을 제한하는 역효과를 낼 수도 있다. 어떤 도덕적, 윤리적, 미적인 가치와 취향을 함께 추구하는 공동체, 이른바 '약한 연결'의 공동체가 소확행에는 가장 큰 도움이 된다.

사회적 임금

그동안 직업은 세상을 살아가는 이유이자 근거로 받아들여졌다. 직업의 '업'이라는 말 자체가 운명적으로 주어지는 일이란 뜻을 가지고 있다. 따라서 직업을 잃어버리는 실업은 마치 사회적 사망 선고처럼 여겨졌다. "해고는 살인이다."라는 구호도 그래서 나왔을 것이다.

하지만 거꾸로 생각해 보자. 불교에서 '업'은 일종의 운명적인 사슬(카르마)이다. 내가 일자리를 얻은 것일 수도 있지만, 반대로 일자리에 사로잡힌 것일 수도 있다. 평생 특정한 종류의 일을 하느라 우리에게 주어진 한정된 시간을 다 쓰는 것이 반드시 삶의 목적이 되어야 하는지 되물을 필요가 있다. 일자리가 수시로 생겼다 사라지는 시대를 받아들이고, 그 대신 한 가지 일에 얽매이지 않는 삶을 누리는 것은 어떨까?

사실 원하지 않아도 이미 그런 시대가 되어 버렸다. 알바라고 부르던 임시직이 이제는 일상적인 고용 형태로 자리 잡고 있다. 일본에서는 튼튼한 일자리 하나를 잡아 평생을 우려먹는다는 생각보다는 여러 일자리를 유목민처럼 떠도는 삶의 방식을 선택한 프리터 족이 늘어나고 있다. 물론 이들이 무슨 낭만적인 삶을 사는 건 아니다. 어떤 면에서는 체념에 가까운 선택일 수도 있다. 하지만 어차피 오게 될 상황이라면 해석이라도 능동적으로 하는 게 어떨까? 전근대 사회의 유목민은 초원을 떠돌고, 21세기의 유목민은 일자리를 떠돈다.

일본의 사회 사상가 아즈마 히로키는 그의 책 『약한 연결』에서 느슨한 삶이야말로 오히려 인간다운 삶이라고 역설한 적이 있다. 뭔가 확실하고 변하지 않는 것은 우리에게 안정감을 주는 대신 자유를 앗아간다. 사실 확실하고 변하지 않는 삶 속에서 평안을 느끼는 것은 인간다움과 거리가 멀다. 그것은 정해진 본능과 습성에 따라 살아가는 동물의 속성이다.

유목민이라고 반드시 가난해야 할 필요는 없다. 부유함을 추구하지 않는다는 것이 일부러 가난해지자는 것은 아니니까. 오히려 일자리가 안정적이지 않고, 그 일자리가 주는 소득이 변변치 않은 것에 대한 반대급부로 일자리가 없을 때의 소득을 적극적으로 요구해야 한다. 이건 '기본소득'이 아니라 정당한 임금이다. 왜냐하면 지식, 정보, 사회적 관계가 상품으로 판매되는 오늘날, 우리는 일자리의 유무와 관계없이 늘 일을 하고 있기 때문이다.

가령 우리는 인터넷을 검색하고, 스트리밍으로 영화를 감상하면서 구글이나 넷플릭스의 인공지능을 딥러닝시키는 노동을 하고 있다. 우리가 네트워크에 남기는 발자국 하나하나가 저 IT 기업에게 소중한 정보를 생산하는 노동이다.

다만 우리는 저 기업들과 직접적인 고용 관계에 있지 않고, 또 어떤 기업을 위해 노동했는지가 불분명하니 정부가 대표해 저 기업들로부터 세금을 받아 우리에게 지급해 달라는 것이다. 이를 '사회적 임금'이라고 부른다. 개개인들이 무심결에 사회 전체 차원의 자산을 생산했으니 사회가 이를 보상해 준다는 개념이다. 그래서 사회적 임금을 일종의 기본급으로 받고, 더 많은 소득이 필요하면 그때그때 이른바 알바를 뛰는 것이다. 그 나머지 시간은 도덕적, 윤리적, 미적 가치를 추구하는 시간으로 쓰자.

삶을 윤택하게 하는 예술과 학문

도덕적, 윤리적, 미적 가치를 추구하는 행위가 고차원적인 행위라는 것은 누구나 알고 있다. 하지만 그것을 추구하는 삶을 사는 사람은 그리 많지 않다. 그 까닭은 그동안 그러한 가치를 추구하는 삶은 특권층의 전유물이나 다름없었기 때문이다. 실제로 얼마 전까지 과학자, 철학자, 작가, 예술가는 생업에 종사하지 않아도 생계에 문제가 생기지 않는 계층이 가질 수 있는 직업이었다. 그리하여 저런 가치를 추구할 수 있는 계층, 혹은 많은 학자와 예술가를 스스로 고용해 그 열매를 공유할 수 있는 계층의 것이었다.

하지만 더 이상은 아니다. 만약 기본적인 생계 이상의 돈을 버는 목적이 고차적인 삶을 살기 위한 것이었다면, 앞으로는 돈을 더 많이 벌고자 애쓰지 않아도 된다. 그런 점에서 당장의 소득이 줄어드는 것이 반드시 가난을 의미하는 것은 아니게 될 것이다. 돈이 아주 많아야만 누릴 수 있었던 예술이나 기술을 사실상 무료로 즐길 수 있게 되니 말이다.

이미 이런 사회가 시작되었다. 2010년 이전만 해도 웬만한 노동자의 일주일 수입을 고스란히 바쳐야 했던 음악회, 하루 일당의 절반을 털어야 구입할 수 있던 CD나 DVD가 음악을 즐길 수 있는 유일한 방법이었다. CD나 DVD로 가득 찬 거실의 모습은 예술 애호가의 자랑거리 중 하나였고, 다른 면에서는 부의 고상한 과시이기도 했다. 그렇게 많은 CD나 DVD를 구입할 재력은 물론, 그걸 늘어놓을 넓은 집까지 필요했으니 말이다.

하지만 2010년대 이후 스트리밍 서비스가 보편화되면서 음악도 영화도 아주 저렴하게 즐길 수 있게 되었다. 가령 매달 CD 한 장 값만 내면 수십만 장의 CD를 가진 것과 마찬가지로 음악을 즐길 수 있게 되었다. 처음에는 대중가요, 유행가만 들을 수 있었지만, 이제는 온 세계 고전음악을 다 들을 수 있다. 아무리 부유한 음악 애호가라 할지라도 애플 뮤직의 콜렉션을 도저히 따라갈 수 없을 것이다. 그리고 우리는 그 콜렉션을 매달 음반 한 장 값만 내고 누릴 수 있다. 또 매달 몇천 원만 내면 수십만 편의 온 세계 영화와 드라마를 취향대로 골라서 볼 수 있다. 사실상 예술은 공공재가 되었다. 예술을 즐기면서 그 속에서 행복을 얻는 삶의 방식을 터득한다면 소득이 줄어들어도 상대적으로 더 부유하게 살아갈 방법을 얼마든지 찾을 수 있게 된 것이다.

더욱 놀라운 변화는 예술을 감상할 기회뿐 아니라 직접 예술가로 활동할 기회도 널리 열리고 있다는 것이다. 그동안 예술 작품을 발표하려면 비싼 공연장이나 전시장을 빌려야 했지만, 앞으로는 그럴 기회가 사실상 무료로 주어질 것이다. 유튜브 등의 공유 플랫폼을 이용할 수 있기 때문이다. 지금은 유튜브에 온갖 신변잡기들이 올라오지만 이 과정을 통해 일반인들의 영상물 제작 기술이 향상되고 안목도 높아지면 갈수록 수준 높은 작품들이 올라올 것이다. 훌륭한 작품을 공짜로 감상하고, 또 나의 작품을 대중에게 공개하고 평가받을 수 있는 것이다. 예술을 감상하고, 예술을 발표하며 사는 삶은 오랫동안 특권층의 전유물이었다. 하지만 이제 이런 삶을 알바생도 얼마든지 누릴 수 있는 세상이 다가오고 있다.

물론 이런 삶을 누리려면 예술에 대한 안목과 어느 정도의 실기 기능이 필요하다. 하지만 이 역시 비싼 레슨비 들이지 않고 해결할 수 있을 것이다. 이미 생각과 의지가 있으면 거저나 다름없이 배울 기회가 널려 있으며, 이런 기회는 앞으로 더욱 확대될 것이다. 가령 인공지능의 번역 능력이 향상되면 지금은 언어 장벽이 가로막고 있는 TED와 같은 지식 공유 플랫폼, 세계 유명 대학교수들의 온라인 공개강좌인 MOOK 등을 마음껏 누릴 수 있게 될 것이다. 생각만 있으면 배울 수 있는 길이 이렇게 활짝 열리고 있다.

　다시 생각해 보자. 우리는 부자를 왜 부러워할까? 돈이 부러운 것일까, 아니면 그 돈으로 할 수 있는 일이 부러운 것일까? 정말 우리가 부러워한 것이 그 돈으로 큰 집, 비싼 차, 화려한 옷과 핸드백을 구입하는 것이었을까? 그게 전부는 아닐 것이다. 생각만 바꾸면 돈이 많지 않더라도 과거 돈이 많았을 때만 누릴 수 있었던 것을 누릴 수 있는 기회, 즉 결과적으로 풍요롭게 살 수 있는 길이 넓게 열리는 세상이 기다리고 있다.

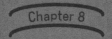

Chapter 8

자유와 민주가 싸워요

민주주의의 위기

포퓰리스트   재스민 혁명

독재체제   자유주의

토론   평등   민주주의

진보

이슬람 근본주의

보수   정치   토마스 홉스

극우 세력

아리스토텔레스

민주주의

1980년대에 활짝 피어올랐던 세계의 민주주의는 2000년대 들어 확대되고 발전하기보다는 오히려 위축되거나 퇴행하고 있다. 반면 노골적인 독재가 아닌 여러 종류의 교묘한 독재 정권들이 계속 들어서면서 독재 정권의 통치를 받는 인구는 1980년대 이후 줄어들기는커녕 오히려 늘어나고 있다.

공산주의

생산수단을 노동자들이 공유하고, 자본가가 소유하지 못하게 하는 체제를 목표로 한다. 자본가와 투쟁하기 위해 공산당이 투쟁 사령부로서 독재를 행해 왔다. 현대의 중국, 베트남 등은 수많은 자본가가 부를 자랑하는 사실상 자본주의 국가임에도 여전히 공산당의 1당 독재가 이어지고 있다.

공화주의

공동체에 대해 권리와 책임을 공유하는 시민들을 전제로 한다. 개인 혹은 자기가 속한 집단의 입장이 아니라 공동체 전체의 입장에서 문제를 생각할 수 있고, 설사 자기가 속한 집단에게 손해가 가더라도 공공의 이익을 따를 수 있는 시민을 전제로 한다.

이슬람 근본주의

이슬람을 개혁해 종교 경전인 코란에서 말하는 본래의 이슬람으로 돌아가자는 종교개혁 운동에서 시작되었다. 그러나 이슬람근본주의자들은 미제국주의에 반대한다는 명목 아래 무력에 의한 통치, 여성과 성소수자 억압 등 민주주의에 반하는 행보를 보이고 있다.

포퓰리즘

대중의 바람을 대변하고자 하는 정치사상 및 활동. '대중에 대한 호소'와 '엘리트에 대한 불신'이 포퓰리즘의 속성이라고 할 수 있다. 한편 대중의 지지를 얻기 위해 비현실적인 정책을 내세우며 이를 특정 집단의 정치적 목적을 위한 수단으로 악용하려는 정치인을 '포퓰리스트'라 한다.

세계의 민주주의 혁명

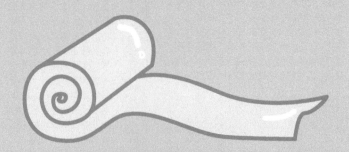

벨벳 혁명(1989)
1989년 체코슬로바키아에서 일어난 비폭력 혁명. 프라하의 바츨라프 광장에 운집한 80만 명의 시민들이 반정부 시위에 참여했으며 대규모 비폭력 시위가 이어져 결국 당시의 공산 독재 정권을 무너뜨렸다. 벨벳 혁명은 시민혁명이 성공한 뒤 대통령으로 선출된 하벨이 "우리는 평화적으로 혁명을 이루어 냈다. 이는 벨벳 혁명이다."라고 말한 연설에서 유래된 이름으로, 무혈 혁명을 가리킬 때 쓰는 용어가 되었다.

재스민 혁명(2010~2011)
2010년 말에 시작된 튀니지의 혁명. '재스민 혁명'은 튀니지에서 흔히 볼 수 있는 꽃 이름을 따 서방 언론이 붙인 명칭이다. 독재 타도를 외치며 전국 시위로 확대되었고 결국 당시 대통령이던 지네 엘아비디네 벤 알리는 사우디로 망명했다. 튀니지 혁명은 아프리카 및 아랍권에서 쿠데타가 아닌 민중 봉기로 독재 정권을 무너뜨린 첫 사례가 되었고, 인근 나라로 민주사회가 확산되는 계기를 만들었다.

촛불 집회(2016~2017)

박근혜 전(前) 대통령의 국정 농단을 비판하며 탄핵을 이끌어 낸 촛불 집회는 2016년 겨울 시작해 2017년 봄까지 이어졌다. 이 시위에는 무려 1,700만 명이 183일 동안 참여했으며 전국 150여 개 광장을 비롯, 전 세계 30여 개 나라의 70여 개 도시에 시민들이 모여 부패 정권에 저항하는 목소리에 함께했다.

검은 대행진(2019)

홍콩인이 범죄 용의자가 될 때 중국 송환을 강제하는 '범죄인 인도법'에 반대하며 2019년 3월 31일부터 전개한 시위. 6월에는 200만 명이 넘는 시민들이 참여하는 대규모 시위로 확산됐다. 홍콩 시민 4분의 1이 검은 옷을 입고 거리로 나선 것이다. 홍콩 정부의 무력 진압 사태마저 발생하자 국가 폭력에 항의하며 법안 완전 철폐와 행정 장관의 사퇴까지 요구하는 홍콩 시민들의 시위는 반중국 성향으로 확대되었다.

민주주의는 결코 그 자체로 선(善)이 아니야.

민주주의, 역사의 끝

1980년대는 민주주의의 찬란한 승리 기간이었다. 1980년대 이전만 해도 민주주의는 서유럽과 미국 등 이른바 선진국에서나 가능한 정치체제였다. 심지어 유럽에서도 스페인, 포루투갈, 그리스 등이 폭압적인 독재국가였고, 이탈리아도 민주국가라 보기 어려웠다.

우리나라는 휴전선을 경계로 남과 북이 모두 공산당 독재와 반공 독재의 통치를 받았다. 중국도 대륙은 공산당 독재, 대만은 국민당의 반공 독재 치하에 허덕이며 수많은 사람이 목숨을 잃었다. 한편에서는 자본가들의 반격을 막기 위해 노동자들의 권리를 억압하는 공산주의가, 다른 한편에서는 공산주의를 막기 위해 자유를 억누르는 반공 독재라는 두 종류의 독재 체제(극과 극은 닮는 다고 서로 대립하면서 동시에 독재였다)가 전 세계 인구의 절반 이상을 괴롭히고 있었다.

하지만 1980년대 들어 냉전이 완화되면서 자유의 물결이 굽이쳤다. 유럽부터 시작했다. 스페인의 팔랑헤당이 무너지면서 36년간 이어진 독재가 막을 내리고 민주주의의 깃발이 올라갔다. 포루투갈에서도 카네이션 혁명이 일어나 잔혹함으로 악명 높았던 살라자르 정권이 무너졌다.

아시아가 뒤를 이었다. 우리나라는 1987년 6월 항쟁을 통해 40년간 이어져 온 독재 체제(통치자 이름은 몇 차례 바뀌었지만)를 무너뜨렸다. 필리핀에서는 민주화 운동 지도자 베니토 아키노의 암살을 계기로 성난 시민들이 들고일어나 독재자 마르코스를 나라 밖으로 추방한 '피플 파워' 물결이 일었다.

1988년에는 세계를 깜짝 놀라게 하는 사건이 일어났다. 대만이 민주화된 것이다. 1988년 이전의 대만은 국민당 이외의 정당 설립 자체가 금지된 일당 독재 체제였다. 장제스가 죽을 때까지 총통을 지내고 그 자리를 아들 장징궈에게 세습하고, 독재에 반대하는 시민들을 수만 명이나 학살한 무시무시한 독재국가였다. 그랬던 대만이 빠른 속도로 아시아에서 손꼽히는 민주국가로 탈바꿈했다. 대만의 불씨는 동남아시아로 옮겨붙었다. 인도네시아 시민들이 독재자 수하르토를 쫓아냈다. 이로써 공산당이 지배하지

동독과 서독의 교류를 막기 위해 1961년에 세워졌던 베를린 장벽은 공산국가와 민주국가의 대립을 상징했다. 1.3km 길이로 세워졌던 베를린 장벽은 1989년에 붕괴됐다.

않는 독재국가 중 가장 큰 나라에서 민주적인 선거가 치러지게 되었다.

그다음 순서는 공산국가였다. 1989년 베를린장벽의 철거를 계기로 공산 치하의 동독이 무너지면서 민주국가인 서독을 중심으로 독일이 통일되었다. 폴란드, 체코, 헝가리 등의 공산당 정권이 도미노처럼 무너졌다. 루마니아에서는 공산 독재자 차우체스쿠가 시민들에게 붙잡혀 처형당하기까지 했다. 마침내 공산주의의 종주국인 소련마저 무너졌다. 소련은 15개의 공화국으로 갈라지면서 언제 그런 나라가 있었냐는 듯이 연기처럼 사라져 버렸다. 40년간 세계의 1/3을 지배했던 공산주의가 1~2년 사이에 요술처럼 사라졌다. 중국도 부랴부랴 개방정책을 펼치면서 과거보다는 훨씬 많은 자유를 허용했다.

공산주의가 사라지자 반공을 이유로 유지되었던 수많은 독재정권들이 정당성을 잃었다. 라틴아메리카의 대표적인 독재국가였던 칠레가 반대로 대표적인 민주국가로 변신했다. 브라질에서도 오랜 군사독재를 끝내고 노동 운동가였던 룰라(나중에 부패 혐의로 감옥에 갔지만)가 대통령이 되었다. 남아프리카에서도 악명 높은 흑백 인종차별 정책이 폐지되고, 인종차별에 항의하다 수십 년간 옥살이를 했던 넬슨 만델라가 석방돼 대통령이 되었다.

1990년대 공산권 몰락 이후에 가장 강고한 비민주정권이 통치하던 지역은 서남아시아와 북아프리카, 이른바 중동 지역이었다. 이 지역은 사우디아라비아, 요르단, 쿠웨이트, 아랍에미리트, 카타르 같은 전근대적인 왕정이나 귀족정, 혹은 이라크, 시리아, 이집트, 리비아 같은 군사독재 치하에 허덕이고 있었다. 그랬던 이 지역에서 민주주의를 요구하는 시민들이 SNS를 통해 세계 시민들과 소통하며 봉기하자 민주주의를 지지하는 온 세계 시민들이 열광했다. 마침내 이집트와 리비아에서 독재 정권이 무너졌고, 시리아의 독재자 아사드 정권이 코너에 몰렸다. 이를 통칭해 '재스민 혁명'이라고 부른다.

이제 민주주의는 더 이상 선진국들의 전유물이 아니다. 동유럽에서, 아시아에서 민주주의 대열에 합류하는 나라들이 줄을 이었다. 이 역사적인 사건을 보며 정치학자이자 역사학자인 프랜시스 후쿠야마는 『역사의 종말』이라는 책을 썼다. 지구가 멸망한다는 뜻이 아니다. 이제는 경제체제로는 자유시장경제, 정치체제로는 민주주의가 더 이상 경쟁자가 없는 시점에 왔다는 뜻이다. 이제 경제와 정치에서 더 변할 여지가 없으니 역사도 여기서 멈춘 것이다.

아직 끝나지 않은 역사

이제 그로부터 20여 년이 지났다. 역사는 정말로 종말을 맞이했을까? 세계는 정말 자유시장경제와 민주주의로 통일되었을까? 자유시장경제는 어느 정도 퍼진 것으로 보인다. 지금 계획경제나 명령경제를 채택하고 있는 나라는 거의 없다. 중국은 명목상 공산국가일 뿐이며, 심지어 북한마저 시장경제체제로 변신하고 있다. 자유시장경제라는 말 대신 자본주의라는 말을 쓴다면, 이제는 별다른 대안 없이 자본주의를 받아들여야 하는 세상이 되었다.

하지만 민주주의는 사정이 다르다. 1980년대에 활짝 피어올랐던 민주주의는 2000년대 들어 확대되고 발전하기보다는 오히려 위축되거나 퇴행하고 있다. 반면 노골적인 독재가 아닌 여러 종류의 교묘한 독재 정권들이 계속 들어서면서 독재 정권의 통치를 받는 인구는 1980년대 이후 줄어들기는커녕 오히려 늘어나고 있다.

1980~90년대에 새로 민주주의 대열에 들어선 나라들이 길을 잃고 있기 때문이다. 우리나라와 대만을 제외하면 1980~90년대에 민주주의의 첫 삽을 뜬 나라들은 독재 잔재를 청산하지 못하거나 민주정부가 변질해 새로운 권위주의 정권으로 되돌아가고 있다. 우리나라와 더불어 아시아에서 가장 먼저 독재자를 몰아내며 '피플 파워'라는 신조어를 퍼뜨렸던 필리핀이 대표적이다. 정부는 부패했고 사회 곳곳이 범죄 집단 및 이들과 결탁한 경찰, 공무원들로 인해 혼란스럽다. 이 혼란을 빌미로 반공 독재가 반 범죄 독재로 이름만 바꾸어 다시 등장했다. 바로 최악의 독재자 두테르테가 그 주인공이다.

한때 '민주주의의 등불'이라고 불리던 우리나라의 상황 역시 생각처럼 순탄하지 않았다. 2007년까지만 해도 우리나라는 세계에서 손꼽히는 민주주의를 자랑했다. 하지만 2012년에는 언론 자유가 없는 나라로 분류되고 국제연합 인권이사회의 경고를 받을 정도로 민주주의가 퇴행했다. 2017년에 비록 정권을 교체하기는 했지만 10년간의 퇴행이 남긴 상처는 깊다.

말레이시아에서는 비록 민주적인 선거를 통했다고는 하지만 90세가 넘은 왕년의 독재자 마하티르가 다시 정권을 잡았다. 싱가포르에서는 권위주의적 독재자 리콴유가 세상을 떠났지만 그의

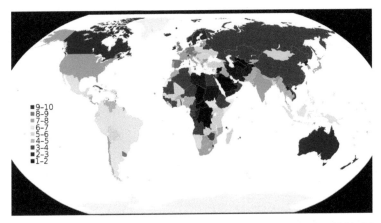

〈세계의 민주주의〉

＊출처 : 이코노미스트 인텔리전스 유닛

질은 갈색, 붉은색, 검정색은 권위주의나 독재체제에서 살아가는 나라들이다. 아직까지 민주국가라고 불릴 수 있는 나라는 많지 않으며, 아시아에서는 한국, 일본, 대만, 인도, 방글라데시 5개국뿐이다.

아들 리센룽이 형식적인 선거를 거쳐 사실상 정권을 물려받았다. 북한만 권력을 세습하는 게 아니다.

옛 공산주의 국가들은 공산당 정권만 무너뜨렸을 뿐, 민주주의 체제로 나아가지 못하고 있다. 중국, 베트남을 비롯해 이런 나라들은 현재 민주주의도 공산주의도 아닌 애매한 체제로 남아 있다. 원래 공산주의는 노동자 계급이 생산수단을 공유하고, 자본가가 생산수단을 소유하지 못하게 하는 것을 목표로 한다. 이를 위해 자본가와 투쟁해야 하며, 공산당은 이 투쟁 사령부로서 독재

217

를 행했다. 그런데 중국, 베트남은 수많은 자본가들이 거대한 부를 자랑하는 사실상의 자본주의 국가다. 그럼에도 불구하고 중국과 베트남에서는 여전히 공산당 1당독재가 이루어지고 있다. 이런 명분 없는 권력은 정당화가 어려우며, 결국 억압에 의해 유지될 수밖에 없다.

중국 공산당은 갖가지 명분으로 언론, 사상, 집회, 시위의 자유를 제한하고 국민들을 감시 통제하고 있다. 공산당이 제시하는 보도 지침 범위를 넘어서는 기사는 어떤 언론 매체에서도 발행할 수 없다. 홍콩에서 중국 정부를 비판하는 발언을 한 언론인이 3개월간 실종되었다가 베이징에서 대정부 사과 방송을 하며 나타나는 무시무시한 경우도 발생하고 있다.

인터넷도 철저히 공산당의 감시하에 있다. 중국에서는 페이스북, 구글, 트위터, 심지어 카카오톡도 금지되어 있다. 공산당이 언제든지 서버를 열어 대화 내용을 감시할 수 있는 위챗, 웨이보 같은 중국산 인터넷 서비스만이 허용될 뿐이다. 물론 이런 서비스를 통해 공산당 마음대로 검색 결과를 조작하고, 특정 검색어를 금지어로 지정해 아예 검색이 안 되게 할 수도 있다. 마침내 2018년 3월, 시진핑은 중국의 국가 주석(대통령)의 임기 제한을 철폐하는 개헌을 단행해 '1당독재'가 아닌 '1인독재'의 길을 열었다.

러시아의 상황은 더 암담하다. 20년 이상 러시아를 통치해 온 블라디미르 푸틴은 명목상으로는 선거로 선출된 대통령이다. 모양새로는 시진핑보다 민주적인 과정을 통해 권력을 잡은 것처럼 보인다. 그러나 그건 명목에 불과하다. 푸틴은 공산주의자가 아니다. 그렇다고 민주주의자도 아니다. 푸틴은 시진핑과 달리 내세우는 이념도 사상도 없다. 푸틴은 순전히 권모술수와 힘을 바탕으로 경쟁자와 비판자를 제압하면서 권력을 독점했다. 중국 공산당을 비판하는 언론인은 실종되었다가 반성문을 발표하며 나타나지만, 푸틴에게 비판적인 기사를 쓰던 언론인들은 싸늘한 시신으로 발견된다. 기자들의 의문사는 러시아에서 특별한 사건도 아니다.

민주주의자들을 열광시켰던 재스민 혁명도 어이없는 비극으로 마무리되었다. 독재자가 무너진 권력의 공백을 틈타 재스민 혁명의 과실을 챙긴 집단은 시민이 아니라 이슬람 근본주의자들이다. 민주화 운동을 주도했던 계층은 지식인과 중산층이었는데, 이들보다 숫자가 훨씬 많은 중하층 노동자, 농민, 특히 남성들은 서구적으로 보이는 이들 민주주의자들에게 거부감을 가지고 있었기 때문이다. 이슬람 근본주의자들은 반서구, 반유대, 반기독교라는 선명한 기치를 내걸면서 순식간에 군중들을 사로잡았다.

이 지역은 차라리 독재 시절이 더 나았다고 말할 정도로 엉망진창이 되었다. 게다가 서남아시아 최악의 독재국가인 사우디아라비아와 같은 절대왕정 국가들은 변화의 조짐조차 보이지 않는다. 사우디아라비아에서는 여성의 자동차 운전이 최근에야 허용되었을 정도로 여성 인권과 관련한 상황이 열악하다. 여전히 이들 나라에서는 여성이 남성 가족과 동반하지 않으면 외출조차 할 수 없는 폭정이 계속되고 있다. 심지어 이 지역에서 거의 유일하게 이슬람교와 정치를 분리하고 여성들에게 많은 자유가 허용되어 있었던 터키마저 이슬람 근본주의 국가에 가까워지고 있다.

민주주의의 보루가 흔들린다

원래 민주주의는 유럽, 미국의 것이었으니 아시아나 러시아는 어쩔 수 없다고? 천만에. 유럽과 미국도 심상치 않다. 유럽, 특히 서유럽과 미국은 이미 민주주의 체제가 단단하게 정착되어 있어 절대 되돌릴 수 없다고 알려진 나라들이다. 하지만 여기서도 민주주의가 흔들리고 있다. 결정적 계기는 2003년 미국을 공포에 떨게 만들었던 9·11 테러 그리고 그 뒤를 이어 유럽 곳곳에서 터진 각종 테러 사건들이다. 이러한 테러 사건들을 계기로 이른바 자유 서방세계의 분위기가 바뀌었다.

가장 자유로운 나라였던 미국부터 바뀌었다. 국가 안보를 위해 시민의 권리를 제한할 수 있는 '애국법'이 만들어지고, 무소불위의 권력을 휘두를 수 있는 국토안보부가 설립되었다. 테러 방지를 명분으로 정부가 시민들의 삶에 개입하고 감시할 수 있게 되었다. 테러의 공포에 사로잡힌 시민들은 이를 받아들였다. 어쩌면 알 카에다가 미국에 가한 테러의 '진정한' 결과는 무역센터 빌딩 파괴가 아니라 흔들리는 민주주의일지도 모른다. 유럽 역시 이와

＊출처 : Our World in Data(OWID)

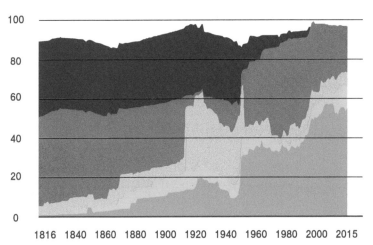

〈통치 체제별 인구 비율 변화〉

식민지
독재
민주주의

100
80
60
40
20
0

1816 1840 1860 1880 1900 1920 1940 1960 1980 2000 2015

1960년이나 2015년이나 독재 치하의 인구 비율은 줄어들지 않았다. 1980년대 민주주의의 빠른 확산 이후 2000년대 들어 민주주의의 비율은 오히려 줄어들고 있다.

비슷한 조치들이 속속 이루어졌다. 악법보다 더 나쁜 것은 사람들 마음속에 싹트기 시작한 혐오다. 테러에 대한 공포가 특정한 종교 집단이나 인종 집단을 잠재적 테러리스트로 보는 혐오로 발전한 것이다. 특히 미국보다는 다민족 국가로 생활하는 경험이 적었던 유럽에서 이 문제가 더 심각하다. 이러한 혐오를 동력으로 삼는 정치집단까지 등장해 빠르게 세력을 모으고 있기 때문이다.

자유와 관용의 나라로 알려진 프랑스에서는 자신들이야말로 '원래 프랑스인'이라고 생각하는 백인들이 무슬림과 아프리카 출신에 대한 혐오를 정치적 동력으로 삼아 극우 세력으로 성장했다. 그 대표적인 인물인 마린 르펜은 대통령 선거의 결선투표까지 진출했다. 상대 후보이자 대통령에 당선된 자크 마크롱 역시 전통적인 의미의 민주주의자라고 보기 어려운 인물이다. 결국 기존의 공화당, 사회당 등 거대 양당이 문자 그대로 '듣보잡' 후보들에게 무너진 것이다.

이탈리아에서는 무책임한 퍼주기 정책을 선전하며 대중 인기에 영합하는 오성연합이라는 정체불명의 정치집단이 다수당이 되었다. 그 밖에도 남부 이탈리아를 멸시하며 북이탈리아만 따로 살아야 한다는 분리주의자들이 상당히 의미 있는 득표를 하며 국회에 진출하는 등 엉망진창의 정치판이 벌어졌다.

우리나라에 자유와 관용의 정신이 가장 높게 발달한 선진국이라고 알려진 스칸디나비아 국가들에서도 극우 인종주의 단체의 위세가 생각보다 강하다. 노르웨이에서는 인종 혐오주의자의 테러로 수많은 사람이 목숨을 잃는 참사가 일어나기도 했다. 스웨덴에서는 인종차별을 내세우는 극우정당인 스웨덴 민주당(이름이 역설적이다)이 20%가 넘는 지지율을 획득하며 주요 정당으로 발돋움하고 있다. 북유럽에서 가장 민주주의 전통이 긴 덴마크에서는 극우정당인 덴마크 인민당이 권력을 잡는 데까지 이르러 노골적인 인종차별과 혐오를 법으로 만들고자 하고 있다. 핀란드 역시 인종차별을 내세우는 '진정한 핀란드인당'이 20% 이상의 지지를 받는 주요 정당이며, 스위스의 극우정당 '스위스 인민당'의 지지율은 30%에 육박한다.

일본도 예외가 아니다. 미국의 민주주의가 9·11을 계기로 흔들리고 있다면 일본은 2011년 동일본 대지진과 후쿠시마 원자력 발전소 누출 사고를 계기로 바뀌었다. 당시 일본은 민주주의라고 하기 애매한 자민당 장기 집권을 끝내고 15년 만에 정권 교체를 이룬 상태였다. 하지만 이 정권을 담당하던 민주당이 초유의 재난 앞에서 우왕좌왕하다 1년 만에 무너지고 말았다. 결국 일본 국민들은 '할 수 없이' 자민당을 선택했다. 자민당 정권은 "국민들을 패닉에 빠지지 않게 한다."라는 명분으로 언론의 보도를 규제했다.

현재 일본 총리인 아베 역시 온전한 민주주의자라기보다는 극우주의자에 가까운 행보를 보이고 있다. 심각한 부정부패 스캔들에도 불구하고, 20년간 계속되었던 경기 침체를 끝낸다는 명분으로 그에 대한 지지율은 꺾이지 않고 있다. 더불어 일본에서도 역시 외국인에 대한 혐오를 내거는 재특회 같은 극우단체가 점점 기세를 올리고 있는 중이다. 일본이 과연 민주주의 국가인가에 대해 설왕설래가 많았지만, 2009년 이후 민주주의와는 점점 거리가 먼 방향으로 가고 있는 것만은 틀림없는 사실이다. 현재 일본은 언론 자유도가 낮은 나라에 속한다.

사이가 나빠진 자유와 민주

우리는 민주주의의 가장 큰 가치를 자유와 평등이라고 알고 있다. 그중 민주주의의 가장 본질적인 가치는 평등이다. 통치자와 시민이 평등하며, 시민들이 서로 평등해 누구도 엄청난 특권을 요구할 수 없다는 것이 민주주의의 가장 핵심적인 가치이기 때문이다. 반면 자유는 민주주의와 무관하게 발전한 가치로, 개인의 권리와 양심은 국가기구라 할지라도 간섭할 수 없다는 이념에 기초하고 있다. 이 두 가치가 하나로 모인 것이 바로 시민혁명이다.

오늘날의 민주주의 국가들은 대부분 시민혁명 이후 세워진 미국, 프랑스, 영국의 헌법을 참고하고 있다. 그래서 자유와 평등은 너무 당연히 하나의 세트로 여겨진다. 그런데 당연한 것으로 생각해 왔던 자유와 민주의 조화가 생각처럼 단순한 문제가 아니라는 것이 점차 드러나고 있다.

자유가 정치적으로 표현되면 각 개인의 자율, 자치로 나타난다. 내 일은, 내 집은 내가 알아서 하겠다는 것이다. 민주는 문자 그대로 인민에 의한 권력, 즉 다수의 통치를 의미한다. 한편 공화주의는 국가가 모두의 것이라는 것, 즉 모든 주체가 국가를 평등하게 공유하고 있다는 의미다. 공유하고 있기 때문에 권리만 누리는 것이 아니라 주인으로서 책임과 의무도 다해야 한다. 자유와 권리와 평등. 이 세 가치가 조화를 이루는 일이 생각보다 어려웠다.

대한민국 헌법을 예로 들어 살펴보자. 대한민국 헌법의 첫 줄은 "대한민국은 민주공화국이다."이다. 그리고 대한민국 헌법 전문에는 "자유민주적 기본 질서"라는 대목이 나온다. '대한민국은 민주주의 국가다.'라고 하지 않고 군이 '민주공화국' '자유민주적'을 덧붙인 이유가 있다. 민주공화국에는 '대한민국은 국민 모두가 동등한 권리를 가지고 다수결에 의해 운영되며, 대한민국의 국민은 대한민국의 주인으로서 권리뿐 아니라 공동 책임과 의무도 가진다.'라는 의미가 모두 담겨 있다. 자유민주적 질서라는 말은 국가가 질서를 유지하는 과정에서 민간의 자율성을 인정하고 간섭을 최소화한다는 의미를 담고 있다.

그런데 자본주의 경제체제에서 정부가 간섭을 최소화하면, 즉 자유를 확대하면 불평등이 점점 심화된다. 불평등이 심해지면 점점 더 소수의 손에 부가 집중된다. 반면 그들에게 부가 집중되는 만큼 몰락하는 사람들도 생겨나서 중산층 이하의 숫자가 늘어난다. 다시 자유와 민주가 충돌한다. 민주주의는 다수의 지배이기 때문에 정부는 다수, 즉 중산층 이하의 위치에 있는 사람들 편에 서라는 압력을 받게 된다. 이때 정부가 불평등을 제거하거나 완화하기 위해 시장에 간섭한다면 자유와 충돌하게 된다.

자유시장 경제체제에서는 기업을 중심으로 경제활동이 움직인다. 기업을 경영하거나 기업에 고용되거나 혹은 기업에 투자나 임대를 주거나 해야 소득을 얻을 수 있다. 결국 자유시장경제는 기업의 생산을 각자의 기여에 따라 소득으로 분배하는 경제체제다. 그 외의 방법으로 이윤을 얻는 수단은 범죄뿐이다.

이자나 임대료, 기업 이윤의 몫을 줄이고 노동자가 받는 근로소득의 몫을 늘리면 불평등이 해소될 수 있다고 주장하기는 쉽다. 하지만 시장경제는 이렇게 간단하지 않다. 자유시장경제는 한 나라를 넘어 세계 차원에서 서로 경쟁하는 기업들이 얽히고설킨 경제체제다. 이 경쟁에서 지면 기업은 문을 닫고, 투자자는 손실을 보고, 노동자도 일자리를 잃는다. 그런데 이 중에서 노동자의 피해가 가장 크다. 기업가나 투자자, 즉 자본가는 아무 소득 없이 버틸 수 있을 만큼의 자산이 있지만 노동자는 일자리를 잃는 순간부터 생계가 곤란해지기 때문이다. 통계청 가계 동향에 따르면 2018년 우리나라 노동자 가구의 '부동산값'을 포함한 평균 자산은 3억 632만 원에 불과하다.

기업은 경쟁에서 패배하지 않으려면 계속 무기를 확보해야 한다. 이 무기는 공짜가 아니기 때문에 자본이 계속 추가되어야 한다. 이때 은행 등에서 빌리는 것보다는 이윤을 늘려서, 즉 자기가 번 돈을 노동자의 임금이나 주주의 배당으로 지급하는 대신 자본으로 바꾸어 다시 투자하는 쪽이 안전하다. 이윤=PQ-C(P: 상품가격, Q: 상품판매량, C: 비용)이기 때문에 상품 가격을 높이거나, 판매량을 늘리거나, 비용을 줄여야 한다. 그중 기업이 선택하기 쉬운 것은 비용을 줄이는 것이다. 만약 가격을 높인다면 경쟁에서 밀려날 것이고, 판매량을 늘리는 것은 시장이 정할 일이지 억지로 되는 일이 아니기 때문이다.

따라서 기업은 원료비, 재료비, 설비비, 각종 운영비, 노동자들의 임금, 투자자들에게 지급할 이자, 정부에 납부할 세금 등을 한 푼이라도 줄이려고 애쓴다. 일본의 자동차 기업 토요타에서는 이걸 '마른걸레 다시 짜기'라고 불렀다. 그런데 원료, 중간재, 설비에 들어가는 비용은 개별 기업이 멋대로 조정하기 어렵다. 그 각각의 시장 상황에 따라 정해지기 때문이다. 이자와 세금도 오히려 기업이 을의 입장이라 줄일 수 없다. 결국 기업이 가장 용이하게 절약할 수 있는 비용은 임금이다. 여러 마른걸레들 중 노동자들이 가장 혹독하게 짜여지는 것이다. 달리 말하면 기업의 생산에 참여한 다른 경제주체들(주로 노동자)의 소득이 생산 결과 분배에서 차지하는 비중이 줄어든다는 것이다.

당연히 민주주의 정부는 이걸 방치해서는 안 된다. 이런 상황이라면 기업의 이윤 극대화는 결국 다수 이익의 극소화이며, 민주주의는 다수의 지배이기 때문이다. 정부는 민주주의를 지키기 위해 개입해 소수 자본가가 다수 노동자의 이익을 일정 수준 이상 침해하지 못하도록 한다.

그런데 기업은 정부의 이러한 개입을 '세계 시장에서 치열하게 경쟁하는데 도와주지는 못할망정 웬 방해냐.' 하는 식으로 받아들인다. 이게 아주 틀린 말이 아닌 것이 실제로 정부가 지나치게 강하게 개입해 노동자의 몫을 늘리면 해당 기업의 경쟁력이 약해져서 급기야 기업도 망하고 노동자도 망하는 상황이 올 수도 있다. 그 사이에서 균형점을 찾는 일은 쉽지 않다. 설사 찾는다 해도 그 균형점은 노동자에게는 미흡하고 기업에게는 지나친 정책으로 받아들여져 좌우 양편으로부터 욕을 먹을 수 있다. 다수의 지지를 통해 권력을 유지해야 하는 민주정치체제에서 정부가 쉽게 선택하기 어려운 정책이다.

기업가들은 정부의 규제와 간섭을 줄이거나 폐지하기 위해 정치적 영향력을 행사한다. 그들에게는 정치자금이 있다. 반면 노동자 등 더 열악한 위치에 있는 사람들은 다수라는 점을 이용해 역시 정부의 규제와 간섭을 유지 혹은 늘리기 위해 정치적 영향력을 행사한다. 그들에게는 표가 있다. 이렇게 자유주의와 민주주의가 갈라진다.

민주주의와 공화주의도 서로 부딪친다. 공화주의는 공동체에 대해 권리와 책임을 공유하는 시민들을 전제로 하고 있다. 공화주의에서 다수결은 충돌하는 이익 집단들 중 다수가 자기 입장을 관철하는 것이 아니다. 공화주의는 개인 혹은 자기가 속한 집단의 입장이 아니라 공동체 전체의 입장에서 공공의 문제를 생각할 수 있고, 그렇게 결정이 내려지면 설사 개인이나 소속집단에게 손해가 되더라도 공공의 이익을 위해 따를 수 있는 시민을 전제로 한다. 이러한 시민의 미덕이 없으면 헌법에서 아무리 '민주공화국'을 주장하고 있더라도 공화주의는 유지되기 어렵다. 그래서 마키

아벨리는 인민이 공의가 아니라 사익을 추구할 수준으로 타락하면 공화정은 무너지고 군주정 외에는 답이 없다고 했다.

하지만 경쟁이 치열해질수록 개인에게는 공공의 이익, 공공의 뜻을 헤아릴 여력이 부족해진다. 공공 의식이 사라지고 이기주의가 만연하고 있다고 비난만 할 일이 아니다. 자신의 생존을 걱정하는 사람들에게 공공의 관점이란 매우 사치스러운 말에 불과하다. 하지만 공공이 흔들릴 경우 가장 불리한 위치에 있는 사람들의 생존부터 위협받는다는 점에서 이건 고약한 역설이다.

생계에 쫓기는 사람들은 어떤 정책을 결정할 때 공공의 이익이 아니라 자신의 입장에서 이익을 판단한다. 공공의 입장에서 생각해 볼 여유도 없고 경험도 없다. 심지어 자신의 이익도 제대로 헤아리지 못한다. 당장 눈앞의 이익에만 이끌릴 뿐이다. 이럴 때 어떤 정치 세력이 특정 집단(가능하면 다수)의 '눈앞의 이익'을 노골적으로 주장한다면, 그 세력은 빠르게 표를 끌어모아 국회에 입성하고 나아가 권력을 장악할 수 있다. 어쩌면 이 시대는 이미 자신의 이익이 아니라 나라 전체의 이익 관점에서 생각하고 판단하라는 요구 자체가 순진하게 느껴지는 시대가 되어 버렸는지 모른다.

민주주의는 결코 그 자체로 선이 아니다. 공화주의에서 이탈한 민주주의는 다수의 폭압으로 진락힐 수 있다. 이싱애사가 나수인 나라에서 다수결로 동성애자나 양성애자를 범죄로 몰아가는 법안을 만들 수도 있다. 기독교인이 다수인 나라에서 이슬람교를 잠재적 위협으로 간주하는 법안을 만들어 탄압할 수도 있다. 이 모든 것이 다수결이라고, 국민으로부터 나온 권력이라고 정당화된다면 우리는 이러한 정치를 "역사의 종말"이라고, 정치의 최종판이라고 마냥 찬양할 수 있을까?

정치의 실종, 국가의 도구화

삶의 여유가 사라진 사람들은 다른 사람을 돌아보기 어렵다. 자유와 평등이 모두 의미 없어진다. 자유의 가치를 실현하려면 기본적으로 사람들은 모두 나름의 권리를 가지고 있기 때문에 누구도 타인의 권리를 침해할 수 없다는 데 동의해야 한다. 하지만 삶이 곽팍한 사람은 자신이 동질성을 느끼지 못하는 사람들의 권리를 인정할 여유가 없다. 평등은 내가 다른 사람들보다 더 우월한 권리를 요구할 자격이 없다는 데 동의해야 한다. 그러나 질투와 분노에 사로잡힌 사람은 누군가를 나보다 열등한 사람으로 부름으로써 상처받은 자존심을 충족시키려 한다. 이래저래 민주주의는 삶이 어렵고 질투와 분노를 느끼는 사람들에게는 너무도 사치스러운 정치체제다.

이런 사람들은 정치가가 아니라 지도자에게 쉽사리 이끌린다. 정치가는 '정치'를 하는 사람이다. 정치란 서로 상충하는 다양한 이해관계를 무력이나 탄압 없이 조정하고 합의하는 과정이다. 하지만 삶이 어렵고 질투와 분노를 느끼는 사람들은 이런 조정이 싫다. 그들은 '확실한 내 편'을 원한다. "나를 따르라. 나는 너희들의 대변인이다! 너희들의 적을 무찔러 주마!"라고 외치는 사람에게 모인다. 그게 지도자다.

상충하는 이해집단들이 저마다의 지도자를 중심으로 모이면 정치는 실종되고 갈등만 남으며, 사회집단들 사이의 골이 깊게 파여 공화국이 더 이상 '공화'하지 않고, 자기들의 지도자를 권좌에 앉힌 집단의 도구가 된다. 이 집단들은 자신들이 표를 던져 당선된 정치인이 노골적으로 자기들 편을 들지 않고 조정과 합의를 시도하면 즉시 배신자이자 적으로 선포한다. 결국 정치인들은 갈수록 자기 지지 기반이 되는 계층에게 노골적으로 먹히는 선정적이고 극단적인 주장과 정책을 만들어서 표를 확보하려 하며, 전통적 의미에서 정치가의 품격을 갖춘 인물은 살아남기 어렵게 된다. 이쯤 되면 민주주의가 문제가 아니라 모든 종류의 정치 자체가 문제가 된다.

가령 미국의 공화당은 보수적이고 민주당은 진보적이라 하지만 서로 적대적 관계는 아니었다. 선거가 끝나면 동반자적 관계를 유지했고 필요하면 만장일치로 법안을 통과시키기도 했다. 그러나 지금은 더 이상 아니다. 서슴없이 오바마를 빨갱이라고 부르고, 공교육에 보수직 기독교를 도입해야 한다고 주장하는 티파티 같은 극우 단체가 그들의 무지와 편협함을 '좌파와 타협하지 않는 진정성'으로 둔갑시키며 공화당에서 세력을 얻었다. 미국 정치에서 민주당과 공화당의 협력은 갈수록 어려워지고 있다.

정치가 사라진 세상. 정치 이전의 세상. 그게 바로 토머스 홉스가 주장한 자연 상태이다. 이 자연 상태에서는 그 유명한 '만인의 만인에 대한 투쟁' '누구도 자신의 안전을 보장할 수 없는' 야만의 세상이 될 것이다. 누구도 그런 세상을 바라지는 않을 것이다.

어쩌면 일자리가 사라지는 것보다, 공기가 더러워지는 것보다 더 걱정해야 하는 것이 바로 이 문제일지 모른다. 일자리야 사회 정책을 통해 해결할 수 있고, 대기오염이야 관련 기술 개발과 에너지 절감 정책 등으로 해결할 수 있다. 하지만 집단적 현상인 정치 문제는 망가지면 티가 확 나지만, 고치려 들면 어디를 어떻게 손봐야 할지 막막한 문제다. 그리고 이렇게 망가진 정치는 결국 우리 삶의 기반인 공동체의 결속을 해친다. 공동체 바깥에서 살아남을 수 있는 존재는 아리스토텔레스의 말대로 "신 아니면 짐승" 밖에 없다. 신이 되는 것과 짐승이 되는 것 중 어느 편이 현실적으로 보이는가?

미래에
대처하는
우리들의
자세

우리는 누구나 존엄성을 지키며 기본권을 보장받고, 차별 없이 자유롭게 살아갈 수 있는 세상을 꿈꾼다. 또 우리가 사는 세상이 그 반대 방향으로 가지 않기 바란다. 그러나 현실은 자꾸 위험해지고 있다. 미래는 우리 손에 달렸다. 이제 우리의 생존 배낭에 무엇을 담아 둘까?

수학, 과학, 통계학

민주주의를 지키자고 하는데 이게 뭔 말인가 싶을 것이다. 하지만 사실이다. 오늘날 민주주의에 대한 가장 큰 위협은 파시즘도, 공산주의도, 혹은 전근대적인 신분제도 아닌 포퓰리즘이다.

포퓰리즘은 무엇이건 대중이 좋아할 이야기, 대중을 쉽게 동원할 수 있는 이야기를 풀어 내는 선동가에 따라 움직인다. 이들 선동가들의 특징은 쉽게 말한다는 것이다. 아무리 어려운 문제라도 이들의 입에서는 원인도 간단하며, 해법도 간단하다. 도널드 트럼프가 입에 달고 다니다시피 하는 말이 "It's simple! It's easy!"이다. "왜 그렇지? 간단해. 이래서 그래. 어떻게 해결하지? 그건 쉬워. 이렇게 하면 돼."

대중은 왜 이런 주장에 쉽게 넘어가는 것일까? 현대사회가 발전하면 할수록 사회적 쟁점이 되는 것들이 점점 어렵고 복잡해지고 있기 때문이다. 특히 20세기 이후 현대사회의 과학기술 의존도는 점점 높아지고 있다. 일상생활 구석구석에 과학기술이 스며 있지 않은 곳이 없으며, 거기 적용되는 과학기술의 수준 역시 해가 갈수록 어려워지고 있다.

이제는 일상적인 문제조차 전문가가 아니면 이해하기 어려운 내용들이 늘어나고 있다. 사회적 쟁점의 경우는 더 말할 나위도 없다. 논쟁이 일어나고 있는데 일반 대중은 도대체 무엇이 문제인지, 왜 문제인지, 뭘 어떻게 하겠다는 것인지 도무지 파악하기가 어려울 때가 많다. 참여하고 싶어도 참여하기 어렵다. 이 빈틈을 누구나 이해하기 쉬운 말로 포장한 선동가가 파고든다.

따라서 수학, 과학, 통계학은 오늘날 사회적인 쟁점들을 이해하기 위해 꼭 필요한 소양이다. 이런 소양을 갖춘 시민은 포퓰리스트들의 선동적 주장을 식별해 낼 수 있다. 그렇다고 각종 수학이나 과학 관련 전공 서적을 순서대로 공부할 필요는 없다. 중고등학교 수준 정도의 지식이면 충분하다. 실제로 고등학교 졸업자들 중 이런 과목에 대해 배운 내용이 머릿속에 남아 있는 사람들이 얼마나 되겠는가?

민주주의를 지키고 싶다면 학교를 다 마친 다음에도 수학, 과학, 통계학을 공부하고, 과학적으로 사고하는 방법을 몸에 익히자. 그리고 혼자만이 아니라 여러 사람들과 함께하자. 공부하는 성인들이 민주주의를 지킨다.

머리가 유연하게 잘 돌아가는 학창 시절에도 어려운 공부를 어른이 된 다음에도 계속하라고 하니 눈앞이 깜깜해질지도 모른다. 하지만 학창 시절에 수학, 과학, 통계학이 어렵게 느껴지는 까닭은 정답을 찾으려 하기 때문이다. 사실 이 학문들은 직접 문제를 풀고 답을 찾아가기로 든다면 세상에서 제일 어려운 것들이다. 하지만 그 작업은 전문가에게 맡기자.

민주 시민에게 요구되는 자질은 이것들을 연구하고 답을 찾는 능력이 아니라, 전문가들이 연구한 결과의 의미를 이해하는 것이다. 이 정도 능력은 노력하고 연습하면 시간이 걸리더라도 습득이 가능하다. 그리고 이는 민주주의에 무임승차하지 않기 위해 필요한 최소한의 입장권이다.

소설, 연극, 영화 등 서사가 있는 예술

포퓰리스트의 선동은 거의 대부분 특정한 집단에 대한 혐오 감정을 이용한다. 그런데 대부분의 혐오는 대상에 대한 무지에서 비롯된다. 포퓰리스트들은 특정 집단의 매우 편협한 특징이나 사례를 확대해 이를 그 집단의 모든 것인 양 날조한다. 그 집단에 대해 아는 것이 적은 사람들에게는 이런 선전, 선동이 먹혀들어 간다.

반대로 아는 것이 많을수록 일부의 특징, 사례가 그 집단 전체를 대표할 수 없음을 알기 때문에 이런 선전, 선동에 넘어가지 않는다. 동북아연구재단의 연구 결과에 따르면 한국과 일본의 학생들 중 상대방 나라의 역사나 사회에 대한 지식이 많은 학생일수록 반일, 혐한 등의 부정적인 감정이 적다고 한다. '혐중, 혐한, 혐일' 모두 중국, 한국, 일본에 대해 아는 것이 적은 사람들이 쉽게 취하는 태도다.

서로를 이해할 수 있을 만한 공동의 경험이 필요하다. 다양한 집단들이 함께 만나고, 서로의 삶을 이해할 수 있어야 한다. 세상에는 여러 종류의 사람과 생활 방식이 있으며, 또한 다양한 고통이 있음을 경험하도록 해야 한다. 이러한 공통의 경험과 지식이 쌓이면서 연대와 공감의 폭이 넓어지며, 그만큼 포퓰리스트들의 영토는 좁아질 것이다.

직접 만나고 경험하는 것만으로는 충분하지 않다. 먹고사는 일에 바쁜 사람들이 '나와 상관없는 사람들'이라고 여겼던 다양한 집단과 만나고 경험을 나눌 기회를 그리 쉽게 만들 수는 없다. 하지만 사람은 상상력을 이용해 간접적인 경험을 할 수 있다. 현실이 아닌 것을 '마치 ~인 것처럼' 간접 경험할 수 있는 능력은 현생 인류와 네안데르탈인의 결정적인 차이였다고 한다.

즉 사람은 예술하는 동물이다. 특히 이야기를 만들고 이해할 수 있는 동물, 서사 예술하는 동물이다. 소설, 연극, 영화 등을 통해 인생과 인간 세상의 다양한 측면을 경험한 사람은 쉽사리 혐오 감정에 말려들지 않는다. 미국 대통령 링컨은 미국인들이 노예제도의 비인간성을 깨닫는 데 가장 큰 영향력을 발휘한 것은 자신의 연설이 아니라 소설 『톰 아저씨의 오두막』을 읽고 흘린 눈물이라고 말한 바 있다.

이런 의미에서 현재 우리나라 교육과정의 문학 부문은 지나치게 협소하다. 대부분의 문학 텍스트는 한국 문학에 집중되어 있으며, 그나마도 특정한 시기(주로 1930년대를 전후한 시대)에 몰려 있다. 동남아시아 문학은 물론 중국이나 일본 문학도 찾아보기 어렵다. 학생들이 중국에 대해 읽게 되는 내용은 주로 살수대첩, 안시성 싸움, 병자호란과 관련한 것이다. 일본에 대해서는 임진왜란이나 일제강점기와 관련된 내용이 대부분이다.

더구나 동남아시아의 경우에는 우리나라로 많은 이주민이 건너오고 있음에도 교과서에 아예 존재하지 않는다. 북한 이주민도 점점 더 늘어날 것으로 예상되지만 북한에서 발행한 책을 갖고 있거나 읽는 것만으로도 감옥에 가도록 법에 정해져 있다. 어느 모로 보나 극우 포퓰리스트의 선동이 먹히기 딱 좋은 상황이다.

교과서에 실려 있지 않으면 학교 밖에서라도 부지런히 읽고 봐야 한다. 책이 답답하면 드라마, 만화, 영화도 좋다. 중국, 일본, 동남아시아 등의 창작자들이 만든, 또 그들에게 인기 있는 여러 문헌과 영상들을 찾아서 읽고 보자. 처음에는 어색하겠지만 결국 함께 웃고, 함께 울 수 있는 지점을 발견하게 될 것이다.

민주주의 개념의 분명한 이해를 위한 토의와 토론
아무리 듣기 좋은 말이라고 해도 너무 많이 들으면 오히려 짜

증스러운 말이 되거나, 심지어 욕이 된다. 가령 '양반'은 상당히 지위가 높은 사람을 뜻하는 말이었지만, 너도나도 자기를 양반이라고 주장하는 시대가 되자 "아, 그 양반은 내 앞에서 형 노릇도 못할 양반이야." 하는 식으로 낮추어 부르는 말이 되고 말았다.

'민주주의'라는 말도 지나치게 남용되어 이런 길을 걷고 있다. 요즘 젊은이들은 N86 기성세대만큼 '민주주의' '민주화'라는 말을 중요하게 받아들이지 않는다. 심지어 일부 청소년은 '민주화'라는 말을 다수의 압박에 못 이기고 말았다는 부정적인 의미로 쓰기도 한다.

하지만 민주주의는 어떤 단일한 원리도 아니고, 특정한 시기에 인위적으로 만들어진 제도도 아니다. 오랜 역사를 통해 이질적인 요소들이 융합되어 형성되었고, 아직도 변화하며 발전하고 있는 살아 있는 체계다. 민주주의 이념을 이루는 자유, 평등, 다수결, 국민주권 같은 개념의 의미도 마치 사전처럼 정해진 뜻을 가진 것이 아니라 오랜 역사를 통해 수많은 논쟁과 변화를 거쳐 왔고, 지금도 진행 중인 유동적인 것이다.

따라서 사람들이 똑같이 '민주주의'를 입에 담는다 해도 서로 다른 의미로 사용하는 경우가 많다. 자유, 평등, 국민주권 같은 개념들도 마찬가지다. 이렇게 같은 개념을 서로 다른 의미로 사용하니 갈등이 평행선을 달릴 수밖에 없다.

　이런 문제를 해결하기 위해서는 갈등이 발생했을 때 쟁점이 되는 개념과 용어들을 어떤 의미로 사용하고 있는지, 그 차이가 무엇인지 서로 확인하고 공통의 의미를 합의해 가는 과정이 필요하다. 이러한 과정이 바로 토의와 토론이다. 일찍이 페리클레스는 "아테네에서는 충분한 토론을 거치기 전에 결정하지 않는다." 라고 말했다. 다수결 이전에 토의, 토론이야말로 민주주의의 가장 중요한 핵심인 셈이다.

　토의와 토론을 생활화해야 한다. 이는 상대방의 주장을 사사건건 논박해서 꺾거나 말다툼을 벌이라는 뜻이 아니다. 상대방이 자신과 다른 의견을 말할 때, 우선 자신과 상대방이 같은 용어나 개념을 서로 다른 의미로 사용하고 있는 것은 아닌지 확인해야 한다. 그리고 그 용어나 개념의 의미에 대해 합의해 가기 전에 선불리 다투지 않는다는 뜻이다.

　토의와 토론을 시작하는 가장 중요한 신호는 '질문'이다. 이 질문은 "그건 그렇지 않을 텐데요? 이거 아닙니까?"로 시작되는 것이 아니라, "하시는 말씀의 의미가 ~라고 생각합니다만, 제가 제대로 이해한 것이 맞습니까?"로 시작되는 종류의 것이다. 오늘을 사는 우리의 삶에서 질문은 너무 부족하다. 질문 자체를 하지 않거나 하더라도 자기 주장을 강변하기 위한 "~ 아닙니까?" 류의 질문이 많다. "제대로 이해한 것 맞습니까?" 류의 질문은 좀처럼 하지 않는다. 상대방의 말을 이해하지 못한 티를 내면 안 된다는 강박에서 비롯된 것이다. '받아쓰기'의 공포가 이렇게까지 확대된 것이다.

하지만 삶은 받아쓰기가 아니다. 잘 안 들리면, 혹은 들은 말이 분명히 이해되지 않으면 "잘 못 들었는데, 한 번 더 말씀해 주시겠어요?" "무슨 뜻이죠?" 하고 물어보는 것이 자연스러워야 한다. 그렇지 않으면 일방적인 의사소통에 길들여지고, 포퓰리스트들은 그런 사람들에게 달콤하고 역동적인 선동을 내세우며 다가온다. 작지만 일방적인 의사소통에 파문을 던지고, 그럼으로써 토의와 토론을 일으키는 작은 질문 하나가 민주주의를 지키는 실천의 출발점이 된다.

특히 대화와 토론을 하는 방식에 대해서도 질문이 이루어져야 한다. 가령 "선생님이 너무 말씀을 많이 하시니 제대로 토론이 이루어지지 않습니다."라거나 "동등한 입장에서 토의하기 위해 호칭을 ○○ 님으로 통일할까요?" 등의 제안이나 질문도 할 수 있어야 한다.

물론 이 말은 이 책에도 적용된다. 이 책의 내용 중에 동의하기 어렵거나 이해가 가지 않는 부분이 있다면 언제든지 질문하자.
저자의 연락처는 hagi814@gmail.com이다.

불확실한 미래를 향해 모험을 떠나자

지금까지 우리를 기다리는 미래의 어두운 면을 주로 살펴보았다. 그리고 그 어두운 미래를 향해 떠나기 위해 배낭에 집어넣을 것들도 살펴보았다. 이제 짐을 다 쌌으면 여행을 떠나자.

겁먹지 말자. 미래가 꼭 어둡기만 하지는 않을 것이다. 그렇다고 섣불리 낙관도 하지 말자. 미래는 달콤한 것일 수도 쓰디쓴 것일 수도 있다. 어떻게 대처하느냐에 따라 달콤한 맛은 견디기 어려운 맛이 될 수도 있고, 쓰디쓴 맛이 천하의 진미가 될 수도 있다.

사람은 불확실하고 불안한 미래를 향해 자신을 던질 수 있기 때문에 다른 동물과 구별된다. 동물들은 확실한 행동만 한다. DNA에 새겨져 있거나, 오랜 진화 과정에서 습성으로 굳어진 행동들, 아무리 세월이 지나도 바뀌지 않을, 그리고 적어도 지금까지는 확실한 결과를 보장했던 그런 행동만 한다. 그러나 사람은 문자 그대로 전례가 없는 상황, 완전히 새로운 상황에 적응할 수 있다. 불확실한 행동, 아직 결과가 확인되지 않은 행동을 할 수 있기 때문이다. 그래서 사람은 특정한 자연환경에 따라 달라지는 동물의 분포와 달리 지구상의 모든 지역에 거주할 수 있게 되었다.

물론 불확실한 행동을 한다는 것이 대책 없이 자신을 던지는 무모한 행동을 의미하는 것은 아니다. 사람이 불확실하고 불안한 가운데서도 자신을 던질 수 있는 것은, 미래를 예측할 수 있는 능력을 가졌기 때문이다. 다만 100%의 확신이 불가능할 뿐이다. 미래에 대한 예측과 준비 역시 완벽한 해법 패키지가 아니기 때문에 성공을 보장하지 않는다. 사실 누구도 성공을 보장하지는 못한다. 그러니 모험인 것이다. 그래도 사람은 도전한다. 최선을 다해 준비했기 때문에 그 성패는 하늘에 맡기고서 다음 발을 내디딘다. 만약 실패의 두려움이 없다면 그 도전은 너무 재미없는 것이 될 것이며, 인생은 너무 지루할 것이다. 사람은 도전과 성취, 좌절과 재도전의 과정을 즐기며, 그 과정에서 성장하는 자신의 역량을 확인하면서 즐거움을 느낀다.

슬픔과 공포는 부정적인 감정들이다. 하지만 우리는 슬픔과 공포를 다룬 영화나 드라마를 '오락물'로 즐기기도 한다. 그것이 바로 사람의 특성이다. 우리를 기다리는 미래가 희극일지, 비극일지, 혹은 공포물일지는 아무도 모른다. 그저 배낭을 싸서 떠날 뿐이다. 우리가 배낭에 싸 넣은 것들이 미래에 대처하는 데 충분할지 아닐지는 모른다. 다만 최선을 다해 준비할 뿐이며, 무엇이 더 필요할지는 대처해 나가는 과정에서 알아내고 새로 구하면 된다. 그것이 바로 세상을 살아가는 즐거움이니.

자, 배낭을 쌌으면 이제 불확실한 미래를 향해 모험을 떠나자. 성공할지 실패할지 모르겠지만, 우리가 크게 성장할 것이라는 점만큼은 확실하다. 어차피 되돌아갈 수 없는 시간 아니겠는가?

'엉뚱한 행동, 쓸모없는 생각'
적극 권장해!

별난 사회 선생님의
수상한 미래 수업

초판 1쇄 펴낸날   2019년 11월 8일
초판 8쇄 펴낸날   2024년 11월 28일

지은이   권재원
펴낸이   홍지연

편집   홍소연 이태화 김선아 김영은 차소영 서경민
디자인   이정화 박태연 박해연 정든해
마케팅   강점원 최은 신예은 김가영 김동휘
경영지원   정상희 여주현

펴낸곳   ㈜우리학교
출판등록   제313-2009-26호(2009년 1월 5일)
제조국   대한민국
주소   04029 서울시 서울 마포구 동교로12안길 8
전화   02-6012-6094
팩스   02-6012-6092
홈페이지 www.woorischool.co.kr
이메일   woorischool@naver.com

ⓒ 권재원, 2019
ISBN 979-11-90337-08-3 43300